徐家汇藏书楼双语故事经典

# 法国童话故事

# French Fairy Tales

［英］多莉斯·阿什利 著

荆新慧 黄晓婉 译 惠文涛 王 勇 审校

上海科学技术文献出版社
Shanghai Scientific and Technological Literature Press

图书在版编目（CIP）数据

法国童话故事 /（英）多莉斯·阿什利著；荆新慧，黄晓婉译．—上海：上海科学技术文献出版社，2017
（徐家汇藏书楼双语故事经典）
ISBN 978-7-5439-7300-8

Ⅰ．①法… Ⅱ．①多…②荆…③黄… Ⅲ．①童话—作品集—英国—现代 Ⅳ．①I561.88

中国版本图书馆 CIP 数据核字（2017）第 041959 号

---

责任编辑：夏 璐
封面设计：右序设计

---

法国童话故事
[英]多莉斯·阿什利 著
荆新慧 黄晓婉 译 惠文涛 王 勇 审校
出版发行：上海科学技术文献出版社
地 址：上海市长乐路 746 号
邮政编码：200040
经 销：全国新华书店
印 刷：常熟市人民印刷有限公司
开 本：787×1092 1/32
印 张：9
字 数：179 000
版 次：2017 年 6 月第 1 版 2017 年 6 月第 1 次印刷
书 号：ISBN 978-7-5439-7300-8
定 价：32.00 元
http://www.sstlp.com

# 序

## 古老的过去和遥远的未来

对于现在的孩童们来说，一千零一夜很远，中世纪骑士很远，莎士比亚很远，詹姆斯·鲍德温很远。

十九世纪末二十世纪初，总部设在英国伦敦的、以出版儿童礼品书而著称的拉菲尔公司，精选了英国、意大利、俄罗斯、印度、日本等国家的传说故事，加上《爱丽丝漫游奇境》《伊索寓言》《一千零一夜的故事》《朗费罗诗歌故事》等文学名著，以及《圣经童话》《丁尼生诗歌故事》《狄更斯小说故事》《鲁滨逊漂流记》等文学名著的改写本，陆续出版了一套精品图书，打造了当时风靡世界的"拉菲尔儿童礼品书屋"。

詹姆斯·鲍德温编写的《泰西五十轶事》《泰西三十轶事》取材于西方著名的历史故事、名人轶事和民间传说，是传诵不绝的珠联璧合之作，为世界儿童所共享。二十世纪二十年代，詹姆斯·鲍德温的这两本书曾以英语教材的形式影响了众多的中国读者，兼有"读本"和"课本"的双重阅读价值。

遗憾的是，"拉菲尔儿童礼品书屋"丛书从未被译介到中国，《泰西五十轶事》《泰西三十轶事》也渐渐被中国读者遗忘。在岁月的长河里，在拥有五十六万册1949年以前出版的外文图书的上海徐家汇藏书楼里，它们和时间一样静默，它们是珍本典籍，是积淀的精华，依然芬芳隽永，依然闪烁着原初的和永恒的光芒，依然能够孕育新知。

上海科学技术文献出版社以“徐家汇藏书楼双语故事经典”丛书之名，选取十九世纪末二十世纪初问世的二十二个经典版本进行编辑和翻译，采用中英文双语对照的形式出版，沉睡中的“拉菲尔儿童礼品书屋”和詹姆斯·鲍德温被重新唤醒，高贵也俯身地走进现今孩童们的阅读生活里；它们超越了遥远的时空，历久弥新，因而获得了永恒的意味。

经典，是被无数的阅读证实过的，是文学、艺术和思想的“肩膀”。这二十二个读本，不仅内容经典、插图精致，还蕴含着文化的理念和价值。文学的叙述，童话的想象，哲学的思考，使这些读本展现了宏大、开阔的精神世界，适合小学和初中学段的孩子阅读，并帮助他们发现成长的道路，追寻生命的意义。

经典的美丽是永恒的，轻轻擦去岁月的尘埃，经典作品的光芒愈加明亮。孩子们走进经典的故事，分享故事中的情感，经典也就成为他们的记忆和呼吸。伟大的经典作品，是我们共同的记忆和幸福花园。

对历史的叙述，始终是对未来的勾勒。这套丛书提供了新的阅读视角，扩充了我们对于经典儿童文学作品的感受和思考。在感动和愉快里，在琳琅和灿烂中，我们看到了编者和译者真诚而勤恳的职责，看到古老的过去依然照耀着遥远的未来。

儿童阅读推广人　徐　榕

# 出版前言

徐家汇藏书楼隶属上海图书馆，是中国最早的具有西方图书馆意义的近代图书馆。主要收藏1949年以前出版的旧外文图书，计五十六万册，语种包括拉丁语、英语、法语、德语等二十余种，内容涉及哲学、文学、历史、地理等学科，其中有不少配有精美插图的珍本典籍。

这次由上海科学技术文献出版社推出的《徐家汇藏书楼双语故事经典·法国童话故事》选自十九世纪末二十世纪初拉菲尔公司（Raphael Tuck & Sons, Ltd.）编辑出版的英文原版“拉菲尔儿童礼品书屋”（The Raphael House Library of Gift Books for Boys and Girls）丛书。

总部设在英国伦敦，在美国纽约、法国巴黎都设有分部的拉菲尔公司，以编辑出版儿童礼品书而著称，在西方英语世界享有盛誉。在一个世纪之前，拉菲尔公司陆续出版了一套专门为少年儿童阅读打造的精品图书，即风靡世界的“拉菲尔儿童礼品书屋”丛书。该丛书有数十种之多，系英文原版精装。内容精选自英国、意大利、日本、俄罗斯、印度、法国、罗马尼亚等国家的童话、神话、民间故事；有《爱丽丝漫游奇境》《一千零一夜的故事》《朗费罗诗歌故事》等儿童文学名著；有《莎士比亚戏剧故事》《司各特小说故事》《丁尼生诗歌故事》《狄更斯小说故事》《鲁滨逊漂流记》《圣经童话》等世界文学名著的改写本；有介绍英国、法国等国历史的儿童故事。这些故事，都具有极强的文学性和可读性。值得一提的是，这套丛书配有精美的插图，每部书都有彩色满版插图十至十二幅、黑白插图八十幅左右。满版彩色插图为水彩画，画家借助水彩来表现色调浓淡和透明度，利用白纸和颜料的掩映渗融作用，体现出画面上人物、背景那明丽、透明、轻盈、滋润、淋漓等特有的艺术效果。黑白插图是以线条为主要描绘方式的单色画，概括、清晰、醒目、流畅。高度的表现力和独特的艺术效果，增加了图书的观赏价值和读者的阅读趣味。

这套由拉菲尔公司精心打造的儿童礼品书一经问世，便受到世界上千千万万个小读者的欢迎。但遗憾的是，这套丛书从来没有以中译本的形式被介绍到中国。随着岁月的流逝，英文原版也日渐稀少，坊间难以寻觅。为了展示一个世纪之前出版的、在西方英语世界流传甚广的珍本典籍，我们决定把存世稀少的“拉菲尔儿童礼品书屋”丛书完整地翻译介绍给中国读者。上海科学技术文献出版社以英汉双语的形式，完整保留了原书的纯正英语和精美插图，读者从此可以领略原版精品图书的迷人风采。

我们相信，这套曾经拨动着世界上一代又一代读者的心灵，影响了人们的情感、性格、精神与灵魂的经典读本，同样会受到中国读者的欢迎。我们还相信，这套英汉双语版的经典读本的问世，对促进世界儿童文学的交流、推动中国儿童文学原创图书的发展和提高少年儿童的阅读品位，都将起到重要作用。

# 目 录

# CONTENTS

# 善良的小老鼠

很久很久以前，有一对国王和王后非常非常相爱，他们比世间的任何两个人都要更快乐更幸福。他们的子民也以他们为榜样，一天到晚都非常快乐。所以当听到他们的王国被称为“欢乐王国”时，你一定不会感到吃惊吧。

现在，这位叫作“欢乐”的国王有了位邻居，但是这位邻居和他截然相反。因为他非常恶毒，非常残忍，喜欢监禁和拷打他的子民，所以他统治的王国被称为“眼泪王国”。他所有的子民都对他既恨又怕。他的妻子已经去世，只有一个儿子，而且这个儿子和他父亲一样，面目可憎。

这位邪恶的国王叫作“铁石心肠”。有人向他描述了快乐国王的幸福生活，他感到非常嫉妒，决心组建一支强大的军队侵略他的邻国。他召集了王国中所有强健的男人，造了大炮，当所有准备完成后，他率兵进入了欢乐王国。善良的欢乐国王只有一小支军队，武器也很少，但他还是召集了王国中的男人，勇敢地面对他的敌人。王后恳求他和自己一起逃到王国的另一端，躲避这个凶恶的敌人。但是国王回答道：“尽管你对我很珍贵，但是我宁愿死也不愿做个懦夫。”和王后温柔地告别后，他骑着马走了。

看到国王走远后，可怜的年轻王后开始一边哭泣一边说：“如果我丈夫被杀，那么我将成为一个寡妇，会被残忍的敌人监禁起来。如果我有孩子的话，他可能也会伤害我的孩子。”

她每天寝食难安，坐在窗边等待消息。一天早上，她看到一名信使骑着马儿飞奔过来。“快点儿，快点儿，快告诉我是什么消息！”她喊道。

“唉，夫人，”信使回答道，“我们打输了，国王被杀死了，敌人马上就到这里了。”

听到这残酷的消息，王后晕倒在地上。她的随从把她扶进了房间，让她躺在床上休息。他们则哀伤地围在她的周围；这真是一幅令人同情的场景啊。

突然他们听到了士兵的脚步声，铁石心肠国王和他的士兵强行进入了宫殿。无情的国王径直走到了王后的房间，质问她，她丈夫的王冠和财宝都藏到哪里了。但是王

后怎么也不肯说。野蛮的征服者特别生气，他抓起王后秀美的长发，在手臂上缠了三圈，用肩膀扛起王后，把她扔在了他的黑马背上，带到了自己的王国。

他突然想到，如果王后生下一个女儿，等她长大了，就可以把她许配给自己的儿子。所以他派人请来了一位他认识的仙女，极其热情的迎接了她，然后把她带到了关押王后的塔楼。王后正躺在一块硬床垫上，床垫下面则是冰冷的石板。

仙女被眼前的场景所触动，在王后的耳边轻轻说道："勇敢点，夫人，你的悲伤不会持续太久的，我愿意为你效劳。"王后正准备回答呢，但是铁石心肠国王凶狠地打断她说："不要和她说太多话，我带你来是让你告诉我，这个犯人会不会有孩子，如果有，是男孩还是女孩？"

"一个女孩，"仙女回答说，"而且这个女孩既美丽又有智慧。"

"如果不是像你说的那样，"残忍的国王说，"我就把她们母女两人吊死在树上，没人可以阻止我。"

说完这些威胁的话，国王就带着仙女离开了。

"唉，"这位可怜的囚犯含着眼泪说，"我能做什么呢，如果我有了一个漂亮的小女孩，那么她将嫁给那个可恨的王子，但是如果她长得丑陋，我们俩都将被吊死。我的命运怎么这么不如意呢！"

随着时间的推移，王后越来越焦急，而且更不幸的是，看守她的监狱长每天只给她三颗水煮的豌豆和一片黑面包。所以她变得非常消瘦。

一天晚上，她正在为铁石心肠国王纺纱（残忍的王国逼迫她为他做苦力)，看到一只小老鼠从壁炉的一个洞里钻出来了。

“快走开吧，小家伙，”她喊道，“我自己只有三颗豌豆，不能给你任何吃的了。”但是这只可爱的小老鼠在她身边跑来跑去，看起来非常有趣，也十分友好。所以王后就把剩下的唯一一颗豌豆给了小老鼠。就在这时，她看到桌子上有一只烤得十分诱人的松鸡，她高兴地把它吃掉了。

第二天清晨，监狱长把三颗豌豆放在一个很大的盘子里端给了王后，来取笑她。小老鼠从洞里很快跑出来，把豌豆全吃掉了，连面包也吃了。王后很生气，但是当她再次走向盘子的时候，盘子里盛满了好吃的。

她一边吃一边想：“如果我有了一个孩子的话，真的没有办法保护她吗？”环顾四周，她看到小老鼠拖来了一些长稻草，就捡起来，自言自语地说：“如果我能找到足够多的稻草，就可以做一个篮子，把我的孩子放进去，然后把她从窗户中送给第一个经过的好心人，让她照顾我的孩子。”因此，她立刻开始编起了篮子。

有一天，当她向窗外望的时候，看到一个身材矮小的老婆婆。老婆婆说：“我知道你的烦恼，

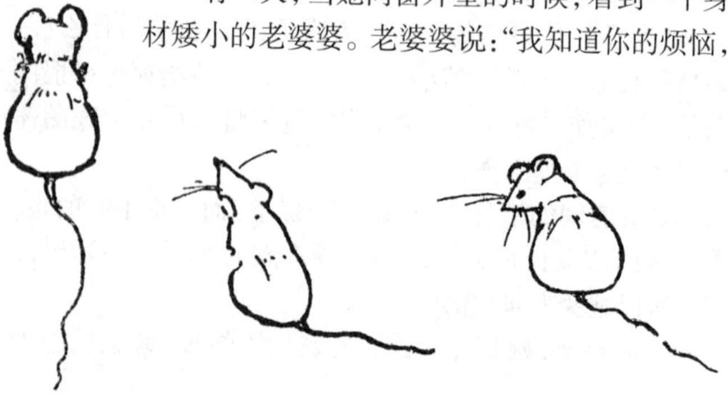

美丽的王后，如果你愿意，我可以帮助你。”

“是这样的，”王后说，“如果你每天晚上都能来这里，就可以帮我一个很大的忙。如果我有了一个孩子，她会特别的危险。我会把她给你，如果你愿意把她带走，好好照顾她的话，一旦我再次富有定会好好报答你的。”

“我不喜欢钱，”老婆婆回答说，“但是我喜欢吃，我最喜欢吃的就是美味丰满的小老鼠。如果你发现一只这样的小老鼠，就把它杀死，拿给我，然后我就会好好照顾你的孩子。”

王后哭着说：“我的房间里只有一只老鼠，但是它如此漂亮可爱，我不能杀掉它。”老婆婆对王后的回答似乎很生气，嘴里咕哝着走开了。

尽管看到豌豆不见了，但一顿美味的晚饭已经为她准备好了，可是她整晚只是坐在那里，独自哀叹。小老鼠在她身边跳来跳去地玩耍。那天深夜，

小公主出生了，可爱的小家伙对着母亲微笑，伸出了自己的小手。王后把她放进篮子里，在她衣服上系了一个标签，标签上写着——

这个不幸的小女孩叫作乔丽塔。

然后她亲吻了她，在她身边痛哭，不知道自己接下来应该做什么。就在这时，那只小老鼠出现了。

“哎呀，小家伙，”王后说，“为了保住你的命，我付出的代价太大了。其他任何一个人都有可能把你杀掉，献给那个贪婪的老太婆。”

“不要后悔你所做的一切。”小老鼠回应说。王后听到这只小老鼠竟然会讲话，吓了一跳。突然，小老鼠变成了仙女，就是那个预言她的孩子会是个女孩的仙女。

“我是想试探你，”仙女说，“当我是只小老鼠的时候，你爱我，就证明了你不是自私的人。接着，我让你接受了一个更加困难的考验——那天是我站在你的窗边向你要老鼠吃的。而且即使那个时候，你对我依然很真诚。”

然后，仙女亲吻了小公主三次，嘴里说：“你将成为一个令你母亲宽慰的人，你会活到一百岁，并且永远漂亮，从不会变老也不会

长皱纹。”

王后谢过了仙女，并恳请仙女照顾自己的孩子。仙女欣然答应了她的请求。她用绳子把躺着小公主的篮子从窗户放了下去。她只停下一瞬间把自己变回了老鼠，但是当她沿着绳子从窗户下去的时候，孩子却不见了。她沮丧地跑回王后身边说：“一切都没有了，我的敌人，坎卡莱恩仙女把小公主带走了。她比我年长，法力更强，我不知道怎么样才能从她的魔爪下救出乔丽塔。”

正当仙女和王后一起伤心的时候，铁石心肠国王过来想要夺走小公主。王后告诉他，一个仙女把小公主抢走了。“那么我要把你吊死！”国王生气地尖叫起来，他把可怜的王后从塔楼里拖拽到附近的一片树林，正要处死王后时，善良的仙女用劲儿把国王推到了一边。国王摔倒在地，门牙都磕掉了。接着，仙女带着王后逃到了她的住处。在那里，小老鼠以她最大的善意接待王后，并且竭尽所能帮助她找小公主，但是要找出坎卡莱恩把公主藏在哪里似乎是不可能的。

时间的流逝减轻了王后巨大的悲伤。十五年过去了，有谣言说国王的儿子要娶他的火鸡饲养员，但是那个女孩却不愿意。仙女觉得很惊讶，一个火鸡饲养员竟然会拒绝这么好的婚事。她决定再次变成一只老鼠，亲自去看看这个女孩。她看到，那个女孩穿着粗麻布，头上系着块方巾。华丽的衣服和珠宝扔在地上，女孩碰都不碰一下。而国王丑陋，畸形还有点跛足的儿子正在哀求她嫁给他。

“我不会嫁给你的，”她骄傲地说，“你和你父亲一样可

怕、残忍。你走吧，让我和我的火鸡安静地待着，火鸡比你给我的任何东西都要好。”

王子走了之后，仙女把自己变成了一位农家老妇人，对女孩说，“日安，亲爱的，你养的火鸡真好！”

年轻的小女孩笑得很甜，回答说：“有人要求我为了微不足道的王冠而离开这些火鸡。你有什么建议给我吗？”

“王冠是个挺好的东西，”仙女说，“你不知道它的价值。”

“噢，不，我知道它的价值，”女孩回答说，“但我还是拒绝了。我不知道我是谁，也不知道我的父母都在哪里。我没有亲人也没有朋友。”

“你拥有美丽和善良，我的孩子，”精明的仙女说，“这些比十个王国都要好。但是，请你告诉我，既然你没有亲人也没有朋友,是谁把你带到这里来的呢?”

“是因为一个叫作坎卡莱恩的仙女,我才会来到这里。她过去常常打我,虐待我,所以我就逃出来了。在一片树林里,我遇到了那位王子,他要求我照料他的火鸡。他经常过来看这些火鸡,现在这样虽然是我不愿看到的,但是他已经深深爱上了我,他不会放过我的。”

听到这故事后,仙女急切地询问女孩的名字。“我叫乔丽塔。”她说。仙女知道她一定就是失踪的公主,深情地亲吻了她,说:“乔丽塔,我很久之前就认识你了,你这么善良,懂事,我很高兴。但是我希望你能更干净点。把这些漂亮的衣服穿上吧。”

乔丽塔很顺从地脱掉了自己的破衣服,在小溪中洗了澡,然后换上了一件精美的袍子。她拿掉了头上的方巾,一头长发垂了下来。她金色的长发像阳光一样熠熠生辉,像金线一样闪闪发光。

仙女急切地跑回去告诉王后这个好消息,她们决定第二天回去找乔丽塔。但是,与此同时,铁石心肠国王因为火鸡女孩拒绝了他的儿子,非常生气,把她关在了漆黑的地牢里。地牢里面连一丝光线都射不进去。她将一直在里面待着,直到同意嫁给那个可恶的王子。

就在那时,善良的仙女和王后也坐着有魔法的马车过来了。但是当她们听说了乔丽塔遇到的麻烦后,王后非常忧虑。仙女告诉王后不要绝望,她会想办法的。那天晚上,她又变成了小老鼠,藏在了国王的枕头下面。到了夜晚,她跳出来咬伤国王的脸,在国王找她的时候,她又跑去咬伤王子的脸。他们两个提着剑冲出各自的房间,因为什么都看不见，只感受到了疼痛和愤怒，他们俩就打了起来，最后两个人都死了。

然后仙女和王后一起急忙地跑到关押乔丽塔的监狱。王后最终找到了她还活得好好的女儿，非常高兴，善良的仙女小老鼠也为她感到高兴。

仙女把她们两个领到了铁石心肠国王城堡中的大厅里，对邪恶国王的子民们说，她希望给他们一位女王，快乐国王的女儿，在她的统治下，这个王国必定是最幸福的王国。

“是的，一定是的，她将是我们的女王。”所有的人都高兴地欢呼起来。在听到仙女说：“我将教乔丽塔怎样把这座眼泪王国变成又一个欢乐王国。”后，他们更加欢喜，手舞足蹈起来。

# 格蕾西娅和珀西奈特

很久很久以前，有一位国王和一位王后，他们生了一个女儿。这个女儿生得是那样的甜美迷人，国王和王后给她取名为格蕾西娅。王后将她所有的心血都倾注在自己唯一的女儿身上，每天都会给小公主一件新裙子作为礼物。尽管每天都穿得华丽高贵，但小公主并没有因此而高傲。早晨，她总是在书房里学习，下午就坐在王后身边，练习刺绣。

人们都认为格蕾西娅是世上最幸福最幸运的公主，她被所有人宠爱着，除了格鲁龙——一位年迈而富有的

公爵夫人。格鲁龙长相有点儿吓人，她只有一只眼睛，头发是火红色的，还有人们见过的最大的嘴巴。她是个瘸子，并且一边肩膀高，一边肩膀低。她又嫉妒又讨厌可爱的小公主，甚至为了避免听到人们对小公主的夸赞，不愿住在王宫中。她住在离王宫不远的城堡中，当有人去城堡中拜访她时，如果偶然说道任何夸赞小公主的话，她就会暴跳如雷，尖声叫道："不是的，不是的，她没有那么迷人，我一根小手指都要比她整个人有魅力得多"。

后来，王后生病去世了。公主格蕾西娅痛苦地哀叹失去了一位如此好的母亲，国王也深深悼念他亲爱的妻子。将近一年，国王拒绝离开王宫半步，最终，宫廷医师担心起国王的健康并坚持劝说国王应该多放松放松。

因此，有一天，国王被劝服出去打猎，在从围猎场回王宫的路上，天气非常的热，国王看到附近有一座大城堡，便停了下来，想休息一下。这座大城堡就是格鲁龙住的地方。当她听到国王来了的时候，赶忙跑出来迎接国王并且告诉国王，自己城堡里最凉爽的地方是一个大而干净的拱形地窖，她恳请国王可以去地窖乘凉。国王答应了并跟着她走到了地窖，在地窖里他看见有数百个桶一个个堆在一起。

"你是为自己珍藏了这么多的酒吗？"国王微笑着问道。

"是的，陛下，"她回答道，"只为我自己收藏的，但是如果您愿意赏光品尝我的酒的话，我将会非常乐意。您想品尝哪一种呢？"

"我认为香槟是最好的酒。"国王说道。

格鲁龙立即拿出一柄小锤，对着其中的一只桶敲了三下，这时银币从酒桶中倾泻了出来。

“怎么回事？”格鲁龙尖声喊叫起来，她又接着敲旁边的一只桶，结果流出来的是大量的金币。

“怎么会是这样呢？”这个狡猾的老女人一边喊叫一边走到另一只桶前敲起来。这次流出来的是大量的珍珠和钻石，铺满了整个地板。

“陛下，我不明白怎么会是这样，一定是有人偷了我上好的酒，把这些小玩意儿放了进去。”格鲁龙对国王喊叫说。

“小玩意儿？”国王吃惊的回应说，“你把这些叫作小玩意儿么，夫人？这些财宝足以买下整个王国。”

“好吧，”公爵夫人说，“既然这样，只要你娶了我，这些装满金子和珠宝的木桶就全归你了。”

视财如命的国王答应她说：“这正是我想要的，如果你愿意，我明天就可以娶你。”

“好吧，”公爵夫人说，“但是我有一个条件，对你的女儿，我要有和她母亲相同的权利，她必须绝对服从我的命令，你要把她全权交由我看管。”

“绝对没问题，”国王说，“我们击掌为誓。”

格鲁龙和国王击掌发了誓。当他们出去后，她把装满了宝藏的房间钥匙交给了国王。国王兴高采烈的回去了，他刚一进王宫，格蕾西娅就飞奔过去，问他打猎的情况。

“我活捉了一只鸽子。”国王回答说。

“把它给我吧，父亲，”公主高兴地说，“我要把它当作宠物养。”

“那可不行，”国王说，“因为……还是给你说实话吧，我的孩子，我已经要求公爵夫人格鲁龙做我的妻子了。”

“你怎么能把她比作鸽子呢，”格蕾西娅吃惊地喊到，“她简直就是一只长耳鸮。”

“住嘴，”国王生气地呵斥道，“我要求你把她当作自己的母亲，爱她并且尊重她。现在快去换上你最漂亮的长裙和我一块儿去见她。”

听话的公主回到了自己的房间换衣服。看到她眼中噙着泪水，年迈的奶妈便问她：“哭什么呢，我的孩子？”

“唉，”公主回答说，“父亲想娶公爵夫人格鲁龙做我的继母，但她是我的死敌，巴不得我死去，我怎么能和她友好相处呢？”

精明的奶妈对她说：“作为一位公主，你应该为他人树立好榜样，听你父亲的话，即使委屈自己也要让他高兴。”

公主发现很难做决定，但是忠诚的奶妈说得很有道理，所以她最后答应乐观地对待这件事，至少礼貌地对待自己的继母。然后她规规矩矩地按着当下的时宜穿了件绿色和金色的锦缎礼服，长发披肩；头上戴着玫瑰和茉莉花做的花环，大块的绿宝石点缀其中，做花环的叶子。一切准备就绪了，她就像仙女一样漂亮，但还是难以掩饰内心的悲伤。

格鲁龙在做什么呢？这个丑陋的人格外担心自己的外貌。她的鞋子一只高一只低，这样使她看起来不那么跛，还把衣服的一边垫高来掩饰自己畸形的肩膀。她买了世上最好的玻璃眼珠，把自己的脸涂成了白色，头发染成了黑色。穿了一件蓝色内衬，紫色绸缎的长袍，里面是带有绿丝带的黄色衬裙。听说西班牙女王总是骑马进入王宫，所以她也打算这么做。

在等国王和他一起去见他的新娘时，格蕾西娅独自穿过王宫花园，来到了一片漆黑的森林中。她坐在草地上，放声大哭，直到眼睛都哭红了，她觉得红着眼没脸回到王宫。突然，她看到一个英俊的侍卫走向她，侍卫身穿绿色锻衣，帽子上插了一根白羽毛。他是她见过的最英俊的人。侍卫跪拜在这个哭泣的女孩面前，说：

“公主殿下，国王在等你。”

格蕾西娅被这位年轻侍卫英俊的外表深深吸引，问他：“你服侍国王多久了？”

“我不是他的侍卫，公主殿下，”年轻人回答说，“我是你的，只为你一个人效劳。”

“我的！”她惊奇地叫道，“可是我不认识你！”

“公主啊，”他回答说，“其实直到现在我都不敢让你知道我的存在，但是你父亲的婚姻威胁到了你，我不得不提前出现。我原本计划等着服侍你，然后再告诉你我对你的爱。”

“什么！一名侍卫！”公主大声说，“一名侍卫也有胆量说爱我！这才是最严重的打击！”

“不要害怕，美丽的格蕾西娅，”他回答说，“我是珀西奈特，和你一样有着高贵出身的王子。你是那样美丽，善良，我过去一直觉得自己配不上你。我爱你很久了，一直就在你左右，只是你不知道。我会隐身，这是我出生时仙女送给我的礼物，这样我才能看到你。我今天会穿着这身衣服陪伴在你身边，希望我能帮到你。”在他说话时，格蕾西娅惊讶地盯着他。“是你，珀西奈特，我听说了关于你的传奇故事，一直非常想见你。如果有你保证我的安全，我就再也不怕恶毒的格鲁龙了。”

格蕾西娅急忙跑回了宫殿，发现有一匹漂亮的马儿已经装上了马鞍，正站在门口等她。她骑上了马儿。绿衣侍卫牵着这匹意气风发的骏马，一边走着，一边盯着公主漂亮的脸庞。

宝石装饰着这匹高贵的骏马，使它看起来闪闪发光，相比之下，格鲁龙精心挑选的那匹马儿就差远了，看起来寒酸、小气。国王因为有好多其他的事情要照看，并没有注意格蕾西娅和她的绿衣侍卫，但是所有的随从都目不转睛地盯着他们，这名绿衣侍卫比宫廷里所有的侍卫加起来还要英俊。他们在路上遇见了格鲁龙，她坐在一辆敞篷的马车上，比所有的老妖婆都要丑。国王和公主迎接了她，牵出了她要骑的马儿。但是看到格蕾西娅的马儿后，格鲁龙大叫起来：

“为什么那个小东西的马儿比我的要好看？我不要做王后了，我宁愿回我自己的城堡，也不要受这样的虐待。”

国王马上命令格蕾西娅下马，乞求格鲁龙骑格蕾西娅的马儿。格蕾西娅听父亲的话，立刻把马让给了格鲁龙，可是格鲁龙连声谢谢都没有说。八个骑兵在旁边保护格鲁龙，防止她从马上摔下来，但她还是抱怨说：“我想让绿衣侍卫帮我牵马。”国王命令侍卫照格鲁龙说的去做。珀西奈特看了看公主，但是公主什么都没说，所以他遵从了国王的命令。整个王宫都敲锣打鼓欢迎格鲁龙，她高兴极了；尽管长得很丑，她却不愿意和格蕾西娅换换身份，即使这样做能得到格蕾西娅的美貌，她也不愿意。

可是，英俊的马儿突然开始狂跳，乱踢，并且还发疯似地狂奔，没有人能阻止它。格鲁龙从马背上摔了下来，但是她的一只脚却还绊在马镫上。马儿把她带到了石头上，荆棘里，拖着她跑了好远，最后把她甩到了土堆里。当其他人赶到她身边时，看到她的情况糟糕透了：头撞破了一个大窟窿，身上精美的衣服全都烂掉了，还断了一条胳膊。她被带到了城里，放在床上，最好的医生被传唤来给她看病。虽然受伤了，格鲁龙还在一直责骂：“是格蕾西娅耍的小把戏，她带来那匹漂亮但却邪恶的马儿，就是为了让我嫉妒她。那匹马差点杀了我。如果国王不为我主持公道，我就回自己的城堡，再也不要见他了。”

侍从告诉了国王格鲁龙有多么生气。国王极其贪婪，他不敢想象失去成千桶的金子和珠宝，为了保住这些财宝，他愿意做任何事情。所以他急忙赶到格鲁龙那里，对她说，只要她觉得格蕾西娅应该受到什么样的惩罚，公主就会受到什么样的惩罚。格鲁龙非常满意，并且派人去叫格蕾西娅过来。

听到传召，公主脸都变白了，她四处张望，想找珀西奈特帮忙，但是他没有出现。所以她提心吊胆地去了格鲁龙的房间。公主刚一进门，格鲁龙就命令四个像巫婆一样丑的女人扑过去，剥去了她所有精美的衣服。当她白皙的肩膀裸露出来时，就连这些残忍的女人都为之倾倒，犹豫要不要伤害这么无辜的姑娘。但是，格鲁龙非常冷酷无情，躺在床上发号施令说："快用鞭子抽打她，不要剩下一块白皙的皮肤，看她还觉得好看不好看！"每个女人手里都拿了一捆桦树枝，毫不留情地抽打她；每打一下，格鲁龙都会喊："用力！再用力！你们打得太轻了！"

你可能觉得可怜的公主一定伤得很重吧，其实并不是这样。英勇的珀西奈特用魔法迷惑了公爵和那些女人的眼睛，所以她们看到的那些桦树枝其实是一捆捆彩色的羽毛。格蕾西娅一开始就看到了，所以一点都不害怕；她在心里说："珀西奈特，你帮助了我，是多么的高尚啊！如果没有你，我该怎么办啊？"

最后，那些女人实在是太累了，胳膊都抬不起来了，所以她们胡乱地给公主套上衣服，把她推出了房间。格蕾西娅回到自己的房间后，假装伤得很重，躺在床上，下令说，除了奶妈谁也不准进来。然后，她把所有的事都告诉了自己的奶妈。接着就睡着了。当她醒来的时候，看到珀西奈特王子穿着绿衣，戴着白羽毛，正站在自己面前。她觉得他是最英俊的侍卫。珀西奈特要公主继续假装受到了残忍的毒打，伤势严重。她照他说的那样做了。这让格鲁龙非常高兴。格鲁龙很快就痊愈了，而且还大张旗鼓地举办了她和国王的婚礼。

刚刚结婚不久，国王就知道了他的妻子最喜欢别人说她漂亮，所以就举办了一场比赛。他命令宫廷中最勇敢的六个骑士公开声称，格鲁龙王后是世上最美丽的女人，并且要捍卫这一宣言，与任何否认它的人进行决斗。王后坐在一个大阳台上，阳台上挂着金线织的挂毯。她自负地认为所有的人都在盯着她看，其实，大家看的是格蕾西娅公主，她正谦卑地站在王后的身后。

很长一段时间，没有一人前来挑战，但是，最终一位年轻的骑士，手里拿着一个钻石镶嵌的小盒子，进入了竞技场。他大声说，格鲁龙是所有女人中最丑的，这个盒子里有一个女人的肖像，她才是最漂亮的女人。于是，他分别与六个骑士战斗，并使他们纷纷摔下了马。然后，他打开这个珠宝盒说，为了安慰他们，允许他们瞧一下这幅美丽的画像。骑士们立刻认出她就是格蕾西娅，当他们喊出她的名字时，公主确信那位不知姓名的胜利者就是珀西奈特。但是这名骑士只深深一鞠躬就走开了，没有说自己的名字或等级。

恶毒的王后气得简直要发狂了，想了一个残忍的计谋加害公主。她急不可耐地等着黑夜的降临。刚到晚上，她就命令备好自己的远行马车，强行将格蕾西娅塞了进去，将她带到了很远的一大片森林中。没有人敢穿过这片森林，因为里面有好多狮子、老虎、熊和狼。可怜的公主恳求随从们立刻杀了自己，不要将她独自留在这恐怖的地方。但是没人敢违抗王后的命令，所以没人答应公主的请求，他们骑着马走开了。在孤独和黑暗中，格蕾西娅在森林里摸索穿行，有时撞在树上，有时撕裂衣服，有时撞在灌木丛或荆棘中伤了自己。最终，由于恐惧和悲伤，她趴在地上，哭着说："珀西奈特啊，珀西奈特，你抛弃我了吗？"

她正说着，一件非常奇妙的事情发生了——光芒照亮了整片茂密的树林，她的面前出现了一条长长的大道。大道的末端，有一所水晶宫殿，像太阳那样闪闪发光。她知道，是保护自己的精灵王子做了这一切，她既感到高兴，又害怕他的魔力。她转身想要逃，但是王子就站在她面前，比以往任何时候都要英俊迷人。

"公主殿下，"他说，"你为什么要怕我呢？这是我的母亲，仙女女王的宫殿，公主们，也就是我的姐姐们也住在里面。她们会照顾你的，也会深深地爱你。坐上我的战车，我会带你到那里。"

格蕾西娅走进了王子的战车，这辆战车其实是由两只雄鹿拉着的镀金小雪橇。他们很快穿过了森林，公主看到森林里面亮得如同白昼一般，里面住满了牧羊人和牧羊女，他们衣着亮丽，正欢快地跟着笛声在跳舞。不一会儿，他们就到了宫殿，女王和她两个漂亮的女儿热情迎接了格蕾西娅，带她来到一个宏伟的大厅，里面的墙壁全是用水晶砌成的。令她惊奇的是，墙壁上雕刻着自己一生中的所有故事，甚至包括她和王子在森林中驾驶雪橇的事情。

"这是怎么回事，王子，"她说，"你记录了我生活里的所有事情吗？"

"因为我不想遗漏和你有关的任何事情，我的公主。"他回答说。

格蕾西娅在仙女宫住了八天——每天都充满了快乐；珀西奈特试了他所能想到所有理由劝说她嫁给他，并在这里度过自己的余生。但是，格蕾西娅不同意，因为她想起了自己的父亲，他曾经对自己那么的好，所以她觉得她应该承担起对他的义务，而不是丢下父亲不管。而且，尽管王子很善良，对自己很忠诚，但是她仍然害怕他的魔力；所以，她恳求他尽快将她送回家，同时让她知道宫廷中都发生了什么。"跟我来，"他说，"到了巨塔，你可以自己看。"因此，他带她去了一座非常高的水晶宝塔的顶端，要求她将她的小手指放在他的唇上，然后向宫廷所在的方向看。接着，她看到所有的事情就像在画中一样：国王和格鲁龙正坐在他们的宝座上。格鲁龙说："太不幸了，公主在山洞中上吊自杀了。为了减少你的悲伤，我已经下令立刻将她埋葬。"随后，王后将公主的衣服套在一块木头上，装成公主的模样，放进了棺材里。接着，举办了一场盛大肃穆的葬礼。王国中的所有人都在悼念公主的逝世，国王吃不下，也睡不着，哭得特别伤心。

看到父亲如此悲伤，格蕾西娅对珀西奈特说："可怜的父亲认为我死了，如果你爱我的话，就把我带到他身边吧。"尽管这违反了自己的意愿，但王子还是同意了，他说她对他非常残忍，就像格鲁龙对她一样残忍。他们坐上了他的战车，很快就开走了。当他们出了宫殿大门，听到一声巨响，转身一看，身后整个宫殿都坍塌了。

"怎么回事？"她惊恐地大叫。

"公主殿下，"珀西奈特说，"我的宫殿没有了，直到你被掩埋后，才能再次进入我的宫殿。"

"你生我气了吗，"格蕾西娅说，"但是，毕竟我比你更

值得同情，不是吗？”

当公主到家后，王子和他的战车都消失了。格蕾西娅径直走向父亲。国王把她当作了鬼魂，直到他把棺材挖了出来，看到里面是一段木头，才相信她是自己的女儿。但是之后，格鲁龙又想办法说服了他，使他相信那个女孩只是个冒名顶替的骗子，真正的公主已经死了。所以可怜、软弱的国王将自己的女儿交给了她恶毒的继母，任凭她处置。

格鲁龙高兴坏了，她把倒霉的格蕾西娅关进了黑暗的地牢，让她穿得破破烂烂的，只让她喝水，吃黑面包，甚至不愿给她一捆稻草睡觉用。格蕾西娅不敢叫珀西奈特过来帮她了，因为她害怕她已经冒犯了他，他再也不会原谅她了，也不再爱她了。同时，格鲁龙去请来了一位朋友，一个恶毒的仙女，并对她说：“我逮到了一个死丫头，我想让你每天帮我想一个困难的任务给她做。”仙女答应会好好想想。第二天，她拿来一大团纱线，这团纱线非常细，一吹就断，而且乱得像一团麻，根本找不到头和尾。格鲁龙把这捆线拿给公主说：“日落前将这股纱绕好，如果敢弄断其中的一根，你就等着，看我怎么收拾你。”

公主被锁在地牢中，开始做这项毫无希望的工作，但是，她每解开一个结，就会弄断上百条线，最后，她将整股纱线扔在地上，绝望地哭起来："珀西奈特啊，如果你曾经爱过我，就来帮帮我吧，否则我就要死了。"

公主刚说完，王子就出现在了公主身边，很轻易地打开了地牢的门，好像他有钥匙似的。"我在这儿，公主殿下，"他说，"即使你没有回应我的爱，我也准备好随时为您效劳。"他用魔杖在那股纱线上敲了三下，线自己就解开了并且变得完好如初。"您还需要什么帮助么？"他问道。

"不要责备我了，亲爱的珀西奈特，"她说，"我已经够不开心的了。"

"那你为什么不愿跟我一起快乐地生活呢？"但是她还是没有同意他的请求。所以王子就从她眼前消失了。

格鲁龙迫不及待地等到了日落，急匆匆赶到了地牢。公主微笑着将一团纺好的纱线团递给了她。格鲁龙惊讶得什么也说不出来，就找借口说，公主弄脏了纱线，打了她一巴掌，离开了。

格鲁龙非常失望，就又去找她那位仙女朋友说："再找个更难的任务，这样她就不可能完成了。"第二天，仙女带回了一大篮羽毛，各种鸟儿的羽毛都混在这个篮子里，估计鸟儿自己都分辨不出来。

"这就是另一个任务，"仙女说，"即使我们自己也不可能完成的。让你的囚犯捡这篮子羽毛，把同一种鸟的羽毛单独放一堆。"

格鲁龙高兴极了，马上到公主那，将那一篮子羽毛递给她，命令她在日落之前完成任务。格蕾西娅从里面取出

了一些羽毛，但发现自己根本区别不了这些羽毛。最终，她把羽毛又扔回了篮子里，大声地哭了起来。

“珀西奈特不再爱我了，”她哭着说，“如果他关心我，早就在这儿了。”

“我在这儿，公主殿下。”声音从篮子下面传来，接着珀西奈特就站在她面前了。他用魔杖敲了三下篮子，成千支羽毛飞了出来，在牢房里整齐地排列成一堆一堆的。“多亏了有你，珀西奈特！”公主高兴地说，“我真的很感激你。”

当格鲁龙到的时候，发现公主已经完成任务了，但是她还是说羽毛排列得不整齐，所以打了公主。邪恶的仙女很失望，不过她答应再试一试自己的能力。几天之后，她带回来一个大箱子，对格鲁龙说："让你的囚犯把这个箱子带到某个地方，但是一路上不准打开它。她肯定不会遵守，然后你就可以将她处死了。"

格鲁龙把箱子拿给格蕾西娅，命令她把箱子搬到自己的城堡，放在某个房间的桌子上面，并且决不能打开它看。

格蕾西娅穿上粗羊毛斗篷和木鞋就出发去格鲁龙的城堡了。箱子太重了，走了一会儿，格蕾西娅就累了，所以她就坐在一片树林边缘休息起来。当她把箱子放在腿上时，突然感到一股强烈的欲望，驱使自己打开箱子看看。

"我是怎么了？"她说，"我什么也不碰，什么也不拿，但是我必须看看里面是什么。"接着，她就不顾后果，打开了箱子。里面立即就蹦出来一大群袖珍小人，带着小凳子、小桌子、小盘子和小乐器。这群人里面，最高的还没有一根手指长。他们在草地上蹦蹦跳跳，一边跳舞，一边唱歌，其他人则坐在小桌子旁，吃吃喝喝。

格蕾西娅盯着这壮观的场面，看了好一会儿。但是，当她试图把这些小人重新装回箱子里时，他们全都跑开了，一个都抓不到。

"珀西奈特，珀西奈特，"她哭喊道，"如果你还爱我这个粗心的公主的话，就来帮帮我吧，我遇到了最不幸的事情。"

再一次，精灵王子身穿闪闪发光的绿衣（这是公主最喜欢的颜色）出现了，敲击三下魔杖后，所有的小人连同小物件都蹦蹦跳跳地回到了箱子里。

然后，王子驾驶雄鹿战车将格蕾西娅带到了格鲁龙的城堡，格蕾西娅按照格鲁龙的吩咐，将箱子放到了桌子上，然后就回到了地牢中。格鲁龙生气极了，她恼羞成怒，将箱子扔进了火堆里，不再指望仙女给自己出主意了，决定靠自己的力量结束公主的生命。

于是，她在花园里挖了一个大坑，并放了一块大石头盖在上面。接着，她对公主说："石头下面藏着好多好多奇妙的宝藏，搬起这块石头，你就能看到了。"

格蕾西娅乖乖地听了她的话，在她刚搬起石头时，格鲁龙就把她推进了大坑里，用石头堵住了洞口，活活地把不幸的格蕾西娅埋了进去。

"你已经报仇了,珀西奈特,"公主伤心得哭了起来,"我为什么不回应你的爱,嫁给你呢!如果我感觉到你会为了我哀伤一小会儿,那么死亡也就没有那么令人恐惧了。"

她正说着,在深坑的一边,突然出现了一扇小门,一束光从门中穿了过来。格蕾西娅突然想起来珀西奈特曾经说过,直到她被掩埋之后,才能再次返回仙女宫。所以,她小心翼翼地爬过了那扇小门,然后,看到自己竟然在一座漂亮的大花园中,里面种满了美丽的鲜花和果树。在花园的尽头,她再次看到了水晶造的仙女宫,在门口,站着珀西奈特女王和公主们。

格蕾西亚心中充满了感激之情,跪在她们面前说,如果珀西奈特仍然爱她,就像他为自己做的一切所表明的那样,那么她很高兴能够成为他的新娘。

婚宴的场面是那么壮观,所有的仙女都千里迢迢过来参加他们的婚礼。有的乘坐着龙拉的战车,有的乘坐着天鹅拉的战车,一些驾着祥云,还有一些踩着火球。其中,曾经帮助格鲁龙折磨公主的那位仙女也来了。在知道真相后,这位仙女请求格蕾西娅原谅自己,并且答应会弥补自己所犯的错误。

所以,婚宴还没开始,她就坐上自己的飞蛇战车,飞去了王后格鲁龙的宫殿。

当时格鲁龙正坐在餐桌前,仙女走到了她的身后,国王和其他人还没来得及阻止,她就拧断了格鲁龙的脖子,就像厨师拧断小鸡的脖子一样,不费吹灰之力。

就这样,恶毒的王后死了,并且很快就被埋掉了。没有一个人悼念这个残忍、爱妒忌的女人。

# 布林伯利翁

曾经有一个小男孩，他的个头非常非常小，所以在他刚出生时，爸爸妈妈给他起名叫布林伯利翁，意思是一件小事情，或者一个很小的东西。

布林伯利翁只有靴子那么高，但因为他就像只猴子一样，非常的淘气，所以人们并没有因为他个头小而忽略他。在布林伯利翁很小的时候，父母就去世了，他是由他的教母，善良的仙女波丽凯特养大的。在他十二岁的一天，这位仙女对他说："听着，布林伯利翁，我非常爱你，就像爱自己的孩子那样爱你，因为你非常聪明，能读书，会写字，算数也非常好。但是我担心你并不是很善良，尽管我总是教导你要友善，礼貌地对待每个人。你难道不知道被别人喜爱比被别人憎恨要美好得多吗？"

"现在，我要测试你一下，如果你通过的话，我将送给你许多的礼物和一位富有而漂亮的妻子。这是一支魔杖，只要把它拿在手里，所有的愿望都能

实现。但是我警告你，如果你的愿望是好的，那么你的脸就会像玫瑰花一样红润；如果你用魔法伤害他人，你的脸就会像柠檬一样蜡黄。注意我所说的！”

“现在出发吧，在我召唤你之前，你都不会再看到我了。从现在起，我的房子、田地、花园和我自己对你而言，都会隐藏起来。亲一下你的教母。再见，出发吧！”

布林伯利翁手里拿着魔杖出发了，心情糟糕透了。教母让他开始一段漂泊的生活，他很不喜欢。

他刚走了几步，教母的房子和周围他所熟悉的一切都不见了，变成了一个完全陌生的环境。

“教母的这个点子真好，”他一边走一边说，“竟然以这样的方式试探我。她难道不知道我就像小绵羊一样温顺、友善？我并没有惹恼我的小伙伴们，倒是他们对我很不友好，让我生气。”

坏脾气的孩子总是这么争辩。他们相信是每个人都在激怒他们，而不是他们自己惹恼了别人。

夜幕降临，布林伯利翁来到了一座农场，里面许多人都在来来回回地忙碌着。布林伯利翁闻到了烤肉的香味，心想：“如果我敲门的话，他们也许会给我提供晚餐和床铺！”

所以，他使劲的敲门，一位老爷爷过来给他开了门，说：“我的孩子，什么事？”

“你难道猜不出我想要什么吗？”小矮子傲慢地回答说，“都这么晚了，除了一个睡觉的地方，我还能要什么呢？”

“孩子，我没办法让你睡在这里，因为我的女儿就要出嫁了，这里有好多人，连他们睡觉的地方也没有了。其他任何时间，我都很乐意帮助你，但是现在你不得不去别

的地方了。晚安。”

老农民关上了门，布林伯利翁的请求被拒绝了，他特别生气，大喊道：“我希望你和你的婚礼被埋在地底下。”

立刻，一声巨响传来，地面崩裂开来，整个农庄包括里面所有的人都消失了。

布林伯利翁对自己所做的事情感到惊恐万分，飞一样地跑开了，一直跑到天明。他来到了一条美丽小河的岸边。河面上停着几条驳船，驳船上装饰着鲜花和白红相间的旗子。船上，人们拿着蛋糕，水果和各种各样美味的食物。当布林伯利翁正在看船上的准备时，许多男人、女人和小孩都穿着白色的衣服走了过来。一位看起来至少有一百岁的老人，由两个年轻人在两边搀扶着，走在这列欢快队伍的最前面。布林伯利翁叫住了队伍里的一个人，问道：“你们这是要去哪啊？”

“我们要划船去一个美丽的小岛，离这里有一英里左右，庆祝这位老人的一百岁生日。我们是他的儿子们和孙子们。”那个人回答说。

“也带上我吧。”小矮子请求道。

“真的不行，”他回答说，“你这么矮，带上你能干什么呢？而且，你看起来病恹恹的——你的脸就像柑橘一样黄！”

确实是这样，自从他给诚实的农民和结婚宴会带来了不幸之后，布林伯利翁的脸就变成了亮黄色。小矮子气得直跺脚，对那个人喊道：“我希望你和所有参加派对的人都掉进河里淹死。”

天上立即下起了滂沱大雨，那几条驳船连同所有参加派对的人都翻倒了，被河水淹没。

布林伯利翁非常惊慌，拔腿就跑。他以最快的速度向前跑，直到看见一所破旧的小屋后，躲了进去。小屋里，除了一张桌子、一把椅子和一面镜子外什么也没有。布林伯利翁站在椅子上朝镜子里张望，看到他的脸比以往任何时候都要黄，想起教母在临别时讲的话，他伤心地哭了起来。

“我怎么这么邪恶呢，”小矮子说，“如果这个地方是所偏僻的寺院多好啊，我的余生就可以在这里度过，并且忏悔我的罪行。”

他刚说完，小屋就变成了一所带有漂亮彩色窗户的小教堂；里面装饰着各种雕塑，蜡烛点亮了整个教堂。

“太好了，”小矮子说，“但是这里没有牧师；我才不想做一名牧师呢——我宁愿在一个小客栈里做厨师。”

他的新愿望又马上实现了。这整个地方都变了——布林伯利翁眼前是一个大的炉灶，他的四周是长长的台面，上面堆满了大块的生肉、活鱼和新鲜的蔬菜。自己头上戴着厨师的帽子，身上穿着厨师的围裙，而他的手边是许许多多的炖锅和煎锅。但是，这个懒惰的小男孩只是盯着这一派新场景，然后说：“我有魔杖，为什么要自己做饭呢？我希望我面前摆好一顿美餐！”

随即，大块的肉消失了，取而代之的是一张小餐桌，上面摆满了精心烹制的，热气腾腾的晚餐。

小矮子饱餐了一顿，精神抖擞，又重新上路了，他看到附近有一片金黄的玉米地，就打算穿过去。路上，他碰到一个可怜的女人，穿得破破烂烂的在乞讨。她恳求布林伯利翁施舍她点东西，小男孩被她悲惨的境遇所打动。“看那边那座富丽堂皇的乡间大宅，”他说，“而这个可怜的女人却不得不讨饭；那座房子主人有大量的财富，我希望她能拥有其中的一部分。”

“我的口袋里是什么？”这个可怜的女人突然尖叫起来，“怎么这么重！”

她摸了摸破烂的衣服，从里面掏出来一袋银子和一袋金子。

“拿着吧，善良的女人，”布林伯利翁说，“这应该够你用的了。”

然后他就接着朝玉米地走过去，但是他身后，房子的主人大发雷霆，从房子里冲了出来。“有个坏人偷了我的财宝，”他喊道，“我的金子和银子。”

“他们不是被偷了，”小矮子镇静地说，“他们只是去了另一个人的口袋。”

“小坏蛋，”这个男人说，“你是不是认识那个小偷？快说，否则，尽管你看来像我花园里的花一样红润、无辜，我也会把你吊起来的。”

知道自己的善举改变了脸的颜色，布林伯利翁非常高

兴，他开玩笑似的回答说："要吊就吊你的猫！"刚说完，他就看到一只猫正挂在木架上，可怜兮兮地喵喵直叫。她的主人立刻跑过去把她救了下来，淘气鬼布林伯利翁大笑着跑开了。

在玉米地里，他看到有十二个男人在收玉米，就走到一个男人身边，问现在几点了。"看看这个小怪物——难道他把我当成钟表了吗！他像俾格米人一样矮小，皮肤像柠檬一样黄。"工人大声说。

"你撒谎，"布林伯利翁生气地说，"我的脸是粉红色的。"

"粉红色，"男人大笑起来，"也许你觉得我们的玉米也是粉红色的吧，你的脸和玉米是一个颜色。"

"我希望你的玉米都变成上好的蓟草，让像你这样的驴子吃！”小矮子气冲冲地说。一转眼，整片玉米地变成了布满蓟草的荒地，而刚刚在收割的人们变成了驴子。这些驴子追着小矮子要咬他、踩他，但是布林伯利翁跑得飞快，逃到了邻村。

这时候，卑鄙的小淘气鬼已经变成橘黄色的了，村里的每个人都像躲避瘟疫那样躲开他。

“我希望所有的人的脸都变得和我一样黄，”他说，“这样他们就明白我有多难受了。”

所有的村民立刻就变得和布林伯利翁一样黄，他们非常确定，是布林伯利翁带给他们这场灾难，所以都拿着棍棒和石头追赶他。

“停下来，”男孩一边逃一边喊，“否则，我就点燃你们整个村子，把你们都变成——”他还没说完，就被揪着头发带走了，他的魔杖也掉到了地上。

“你这个淘气的孩子！”仙女波丽凯特大声训斥道，正是她抓走了布林伯利翁。布林伯利翁一句话也不敢说。当仙女带着他回到家后，说：

“你几乎一无是处，看看你都做了些什么？我把魔杖给你是让你伤害人类的么吗？幸好我能够挽救你所做的一切恶事；我隐身后一直跟着你。诚实的农民给了你一个充分的理由，拒绝你留宿，你竟然让大地吞没了他，不过我救了他和他所有的家人，他女儿的婚礼现在正在举办。为他们的老父亲庆祝百岁生日的人们没有同意你这个陌生人加入他们的庆祝活动，因为这个原因，你让他们都掉进了河里，但是我救了他们，把他们送到了岛上，他们现在仍在庆祝和狂欢。那位行乞的老女人已经没了你给她的金

子和银子——她没有劳动就不配拥有这些。然而，因为这一次你表现出了善良，你的肤色变得红润起来。但是当你欺负大宅的主人，伤害无辜可怜的小猫后，你的脸又变成了黄色。你毁了一片庄稼，把收割的人变成了驴子，又要毁掉整个村子。太过分了，以后你再也不能伤害别人了，因为我要惩罚你，在这个壁炉架上呆一千年！”

仙女提起布林伯利翁，把他放在了壁炉架上。布林伯利翁就变成一个瓷娃娃，不能说话，奇形怪状，一直不停地点头。他就这样一直待了一千年，最终从架子上摔了下去，碎成了一千片。他就这样子死掉了。

每个去看望波丽凯特的人都会看到这个瓷制的小矮人,这时仙女就会告诉他们:“这是我的教子,布林伯利翁。我把他变成这样,是因为别人取笑他的时候,他会生气变得暴躁,因为他总是给别人惹麻烦——因为,总之,他是个只会做坏事,破坏别人幸福的淘气鬼。”

# 蓝　　鸟

一位富有且强大的国王失去了自己的妻子，一直不肯从悲伤中解脱出来。把自己锁在一间小屋里，不停地用脑袋撞墙来抒发自己的悲痛。侍从们害怕国王自杀，就把每堵墙上都垫上了床垫，这样他就不会受伤了。然后他们对外宣告说任何想来拜访国王的子民都可以来，并且来安慰他。然而，无论是严肃的还是轻松愉快的话语都没给国王

留下什么印象；事实上，他几乎没有听这些拜访者都说了些什么。

终于，一位从头到脚裹着黑色丧服，哭得异常伤心的妇女引起了他的注意。这位妇女告诉他说，她并不是试图来安慰他的，而是来增加他的痛苦的，因为她自己最近也失去了全世界最好的丈夫。说着说着，她就又哭了起来。国王也开始一边啜泣，一边对她说起自己挚爱的妻子，这位妇女也对国王讲自己的丈夫——他们一直在谈论自己的妻子和丈夫，就暂时忘了各自的悲伤。随后，这位狡猾的寡妇掀起了自己面纱，露出了蓝色的大眼睛、长长的睫毛和红润的脸庞。国王更加真挚地盯着她看，谈论自己逝去妻子的话越来越少。那位寡妇仍然说会一直哀悼她的丈夫，但是国王恳求她不要永远地悲伤下去。最后，令所有人惊奇的是，国王向她求婚并娶了她为妻。

国王只有一个女儿，名叫芙洛琳，她因为长得像花之女神芙洛拉，和芙洛拉一样漂亮可爱而得名。父亲再婚时，芙洛琳大约十五岁。新王后也有一个女儿，由她的教母——仙女苏斯养大。这个公主因为脸上长满了红色的斑点，就像鲑鱼的背部，所以叫作丑缇娜。尽管她的教母已经尽全力帮助她了，但她还是那么的丑，脾气还是那么的坏，比较起来这两个女孩，王后几乎对自己的女儿绝望了。她尽她所能，让芙洛琳不高兴，并且同丑缇娜一起在国王面前抱怨芙洛琳。

一天，国王对王后说，两个女儿都不小了，是时候出嫁了，所以他打算把其中一个女儿许配给第一个来拜访自己的王子。

“我认为”王后说,“应该优先考虑我的女儿,因为她比你女儿年龄大;而且她更有亲和力,所以她应该首先选。”国王总是渴望平静的生活,所以他说,王后可以随心所欲。

一段时间后,信使通告说魅力国王将拜访他们,他就像自己的名字一样有魅力。王后立马去请女帽匠、裁缝和珠宝商为丑汀娜从头到脚进行装扮;但是,她不让给芙洛琳做一件新衣服,甚至贿赂芙洛琳的女仆把她所有的礼服和珠宝都拿走了,这样这位可怜的公主只能穿又旧又破的衣服,还没有任何装饰丝带。芙洛琳为她所穿的衣服感到难为情,所以魅力国王进来的时候,她躲在了宫殿的角落里,国王根本看不到她。

王后极其热情地迎接了这位年轻的国王,他被带到了丑缇娜的面前。丑缇娜尽管戴着闪亮的珠宝,可是看起来还是很丑,没有一点吸引力。连礼貌的魅力国王几乎都没有看她一眼。他问是不是还有另外一位名叫芙洛琳的公主。侍臣指了指芙洛琳藏起来的角落,她红着脸走了过去,看起来是那么可爱,尽管她穿着破旧的衣服,魅力国王还是和她一直不停地聊了三个小时。

王后马上去找她的丈夫,劝说他同意在魅力国王拜访期间,把芙洛琳关在塔里。国王立刻就答应了。

同时,年轻的国王焦急地等着想要再见一次那位公主,但是她再也没有来过。王后要求朝廷上的所有人都只能说芙洛琳的坏话,但是魅力国王一个字都不相信。

芙洛琳被关进塔里面后,痛苦地哀叹。她说:“要是在我见到对我这么好的国王之前,他们就把我关在这里,我现在还好受点。继母对我这样冷酷无情,就是要把我关起来不让我和他再见面了。”

为了帮她的女儿赢得魅力国王的心，王后送给他大量的礼物。其中，有一块由一整块红宝石做成的心，被一支钻石做成的箭刺了进去，并且还用一串巨大的珍珠链做吊坠。侍从告诉他这份礼物是他最近见的那位公主送给他的，而且这位公主恳请他做她的骑士。但是当他知道侍从所说的公主是丑缇娜后，魅力国王拒绝接受这份礼物，把它送了回去。他还是一直都没有再看到芙洛琳，最后，他冒险去问王后，那位年龄较小的公主发生了什么事情。王后生气地回答说：“国王，也就是她的父亲，禁止她离开自己的房间半步，直到我的女儿出嫁为止！”

"有什么理由把这位窈窕淑女关起来呢?"

王后没有回答,所以魅力国王派他最信得过的随从去打听芙洛琳的消息。这名随从成功地让一名宫廷侍女劝说芙洛琳,在那天晚上,透过能够俯瞰花园的塔楼的一个窗户和国王谈话。然而那位言而无信的侍女把这个计划泄露给了王后,王后把芙洛琳锁在另一个房间内,安排自己的女儿在窗户边等着。那天晚上特别的黑,魅力国王没有看清楚等他的是不是他的小公主,就对着丑蒂娜说了所有他原本打算对芙洛琳说的赞美的话。他从手上取下一枚戒指戴在了公主的手上,并向她许诺第二天就带她逃走。他注意到公主很少说话,而且声音也不像之前那么好听,但是他认为公主是害怕被王后发现才这样,就离开了,没有发现这个骗局。

第二天晚上,丑缇娜裹的很严实,从一个小的秘门溜出去,直奔魅力国王而去,魅力国王正在一辆飞蛙四轮战车中等她。这辆战车是国王的一个魔法师朋友送给他的。魔法战车在空中飞着,很快就离开了这个王国。然后,国王提议说他们应该远走高飞,还应该结婚。公主很高兴地同意了,但是说她想在她的仙女教母那里举办婚礼。飞蛙飞到了苏斯的城堡,丑缇娜立刻跑到仙女那里,偷偷告诉她所发生的一切,并请求她的帮助。

"你让我帮忙的事没有一件是简单的,"她的教母说,"他爱上的是芙洛琳,我担心你现在就要失望了。"

她们谈话的时候,国王在大厅里等候,透过仙女家透明的钻石墙壁,他可以清楚地看到苏斯和丑缇娜在谈话。"我亲爱的芙洛琳去哪了?"他大声喊道。她们俩来到他面前，苏斯用命令的口气说："魅力国王，你已经对丑缇娜公主发过誓——你必须立刻娶她！"

"我对她没有许下任何诺言。"国王说。

"什么！"丑缇娜说，"难道你没有把这枚戒指戴在我的手上，要求我和你一起远走高飞么？"

"我被骗了。飞蛙，快，我要马上离开这里！"国王大声吼道。

"站住！"仙女大叫，用魔杖指着他，他的脚立即就紧紧地粘在地板上，动不了了，就像是被钉子钉在上面一样。

"你可以使出最卑劣的手段，"国王傲慢地说，"但是我只娶芙洛琳一个人。"

苏斯试了她能力所及的每一种方法劝说国王改变他的决心，丑缇娜也在一边哭泣着恳求他，但是国王对她们一点都不在意。这样子一直持续了二十天，直到他们都完全疲惫不堪。最终，苏斯说："做出你的选择——要么承受七年的苦行以赎罪，要么娶我的教女！"

"我选择，"国王说，"不娶丑缇娜。"

"那么你将在接下来的七年里变成一只蓝鸟。"愤怒的仙女尖声叫道。

国王身上立刻出现了一些令人惊奇的变化：他的胳膊被羽毛所覆盖，变成了翅膀。他的腿和脚变成了黑色，并慢慢地缩小，长出了钩状爪子；他的身体变成了鸟的身体，头上的王冠变成了白色的羽毛。他既能鸣叫也能说话。在发出了一声悲鸣后，国王迅速飞离了苏斯可怕的宫殿。

仙女把失望的丑缇娜送回了她母后那里，王后大发雷霆。她生气地叫道："芙洛琳将后悔让魅力国王爱上了自己。”她用漂亮的礼服盛装打扮自己的女儿，头上戴着金冠，手上戴着魅力国王的戒指，然后带着她去了关押芙洛琳的小塔。“芙洛琳，你姐姐来这儿是要告诉你，她嫁给了魅力国王，魅力国王爱她爱得神魂颠倒，不能自拔。”王后对芙洛琳说。芙洛琳听后便昏倒在地。而王后立即跑到国王面前，恶意地告诉他说，芙洛琳快要发疯了，必须要密切地监视、看守，决不允许离开小塔半步。国王说王后可以按照自己的喜好处理这件事，她做什么他都满意。

第二天晚上，芙洛琳打开窗子坐了下来，一直哭到天亮。蓝鸟猜测他亲爱的公主可能像个犯人一样被关了起来，就一直绕着宫殿飞，但是因为怕被丑缇娜认出来，所以只有在晚上的时候才敢这样做。一个月圆之夜，他看到一位少女坐在小塔的窗边哭泣，知道这就是他一直在寻找的心上人。

“可爱的芙洛琳，”他叫道，“你的不幸是可以补救的。”

“是谁在安慰我？”她问道。

“一位不快乐的国王，他深深爱着你，而且只爱你一个

人。”说着，就飞到了她的窗台上。刚开始，听到一只鸟说人话让芙洛琳很害怕，但是，不一会儿，就开始疼爱地抚摸它了。

“你是谁啊，有魅力的鸟儿？”她问。

“你叫了我的名字，”国王回答说，“却假装不认识我。我宁愿变成这样子也不愿放弃我对你的爱。”

“啊，不要骗我了，”芙洛琳说，“我知道你已经娶了丑缇娜。她来我这奚落了我，穿着皇室长袍，戴着金冠，手指上还戴着你的戒指。”

“这都是假的。”鸟儿打断了芙洛琳的话，并告诉了她事情的来龙去脉。芙洛琳因为他的坚持而高兴不已，忘记了自己在监狱中所受的所有痛苦。天亮了，蓝鸟和芙洛琳不得不分开了，但是他们许诺对方，以后每天晚上都要像今天这样相见。

第二天，蓝鸟飞回了自己的王国，飞到自己的王宫，嘴里叼回了一对美丽的手镯，每只都是由一块完整的绿宝石雕刻而成。之后，每天晚上，他都会给公主带回一些精美的珠宝或者其他昂贵的礼物。因为没有地方放置这些礼物，公主只有把它们都藏在床垫里面。白天，蓝鸟藏在一个树洞里，每天靠吃水果填饱肚子。有时因为它唱歌特别动听，路人还以为不是鸟儿在唱歌，而是一只精灵，所以就有谣言说，那片森林闹鬼。从此，再也没有人愿意走进那片森林。就这样，蓝鸟在那里安全地生活了两年，这对恋人没有一个人抱怨他们的这种状态，尽管公主每天看到的并不是一个人，蓝鸟每天要生活在树洞里，他们之间却有说不完的话，芙洛琳也会用那些珠宝打扮自己来取悦恋人。

同时，邪恶的王后始终没有办法把丑缇娜嫁出去，因为没有人想要她。所有的王子都说："如果是芙洛琳的话，我们将会极为乐意的。"

丑缇娜和王后气得发狂，决定更加严厉地惩罚无辜的公主。一天，她俩谈论这件事一直到深夜，然后两人去了小塔。芙洛琳精心打扮过，正和蓝鸟坐在窗边聊天，连窗户也装饰着蓝鸟送给她的珠宝。王后怒气冲冲地进门时，芙洛琳急忙打开窗户，让蓝鸟飞走，但是，尽管蓝鸟没有力量保护他的公主，他也不会离开她的。

芙洛琳身上的珠宝衬托出了她艳丽的美貌，让丑缇娜和王后看得目瞪口呆。

"这些饰品都是从哪来的？"她们盘问道。

"我在这儿找到的，"芙洛琳回答说，"我只知道这些。"

"这些是你收取的贿赂，为此你出卖了你的父亲和他的王国。"

"这有可能吗？"公主轻蔑地说，"你已经把我监禁在这儿两年了。"

"你穿得如此华丽，还用宝石装扮自己，是给谁看的？"

王后继续问。

“我有大把的时间，”公主说，“我花一小部分时间装扮自己并不奇怪吧，难道我要整天哀叹我悲惨的命运吗?”

王后对这些回答并不满意，就开始搜查这间屋子。很快她发现床垫里面藏有大量各种各样珍贵的宝石。就在那时，蓝鸟大喊：“小心你的敌人，芙洛琳！”这声叫喊吓坏了王后，她刚刚没有注意到有只鸟在壁炉架上，就觉得是空中精灵在保护芙洛琳，吓得跑开了。她不敢再去骚扰她的养女，但是决定找出她的小秘密，所以就在塔里安插了一个侍女，整天监视公主，就连晚上也睡在公主的房间。尽管每天晚上都能听到蓝鸟在窗口扇动翅膀，但是可怜的芙洛琳却不敢开窗。就这样一个月过去了，直到一天晚上，一刻不停的监视累坏了小间谍，她深深地睡过去了。芙洛琳打开窗户，清脆地唱到——

“挥着蓝色翅膀的，我最亲爱的鸟儿，

我在这里等着你到来。”

蓝鸟听到歌声飞到了窗边，这对恋人很高兴能够再次陪伴在彼此身边。他们俩一直谈话到黎明，第二天晚上亦是如此。但是第三天晚上，侍女醒了，看到公主坐在窗边，窗户大开，而一只漂亮的蓝鸟在公主耳边私语，还不时地用它的喙轻抚着公主，侍女惊呆了。她静静地躺在那里，假装仍在睡觉。第二天早上，她急急忙忙地跑去告诉王后她所看到的一切。王后和丑缇娜猜测那只鸟一定是魅力国王。她们让侍女回到了塔中，并且密谋了一个残忍的计划。

第二天晚上，可怜的公主再次打开窗户，唱到——

“挥着蓝色翅膀的，我最亲爱的鸟儿，

我在这里等着你到来。”

但是她白白等了一个晚上，因为恶毒的王后在树洞中系了许多锋利的小刀，蓝鸟飞进去的时候，割伤了双脚和翅膀，受伤严重，无法动弹。

幸运的是，他的魔法师朋友看到飞蛙战车回去的时候，上面空无一人，担心国王的安危，就一直在世界各地找寻失踪的国王。就在这时，他碰巧来到了蓝鸟藏身的森林。他吹了一声响亮的号角，喊道：“魅力国王，你在哪？”国王听出来这声音是自己最好的朋友，就虚弱地应道：“快来救救我——我是只蓝鸟。”

魔法师马上四处搜寻，最终发现了可怜的蓝鸟。他把蓝鸟带出来，治好了他的伤口。然后魅力国王讲了发生的所有事情。国王和魔法师都遗憾地确定是芙洛琳背叛了国王。“接下来的五年，”国王说，“我只能让你把我关在鸟笼子里了，只有这样才是安全的。”

“但是，”魔法师说，“在那期间，如果你的敌人认为你已经死了，他们将霸占你的王国。”

“我可以不回去，像原来那样统治么？”国王问。

“恐怕不行。”他的朋友忧伤地回答。

“你的子民不会服从一只鸟儿的统治。但是我会尽量找到摆脱麻烦的方法。”

同时，由于等不到恋人的到来，芙洛琳病得很厉害，昼夜不停地唱——

“挥着蓝色翅膀的，我最亲爱的鸟儿，

我在这里等着你到来。”

但是没有一个人注意到她。

最终，她命运的转折点发生了，她的父亲——国王，生病去世了。人们讨厌恶毒的王后和丑缇娜，冲进王宫要求宣布芙洛琳为他们的统治者。愤怒的示威者抓住王后将她打死了，丑缇娜得以逃脱，去了教母苏斯仙女那里。

芙洛琳被从塔中救了出来，在王宫中加冕为女王。

由于小心翼翼的照顾和再次见到蓝鸟的急切渴望，芙洛琳很快就痊愈了。任命了议会替自己管理王国后，她带着一些珠宝在夜里独自悄悄出发了。没有一个人知道她要去哪里。

魅力国王的朋友，魔法师，去了比自己法力高强的苏斯仙女那里，企图和她谈判。但是除非魅力国王娶了丑缇娜，否则她什么都不会答应。连魔法师都被公主的丑陋吓了一跳。但蓝鸟已经经历了那么多困难，并且还有失去王国的危险——下一任继承人就要夺取他的王位——所以，最后达成了协议：魅力国王可以恢复原状六个月，但在此期间丑缇娜都要待在他的宫里，这样他有可能会下定决心娶她。六个月后，如果他还是拒绝，那么他就又会变成一只鸟。

魅力国王变回了人形，回到了王国。但是他每天不是专心政事，而是计划如何逃避与丑缇娜的婚姻。与此同时，芙洛琳女王乔装打扮成一个贫穷的乡村女孩，头发乱成一团麻，头上戴着一顶粗糙的草帽，肩上扛着一个麻袋，继续着自己漫长的旅程。她有时候走路，有时候骑马，在陆地上，在大海上漫无目的地寻找她亲爱的国王。

一天，她正坐在小溪旁，用凉爽的溪水洗脚，一个拄着拐杖的小老太婆走了过来，对她说："漂亮的姑娘，你一个人在这里做什么呢？"

"您好，夫人，"女王回答道，"我并不是孤身一人，所有的烦恼都跟随着我呢。"说着眼中就充满了泪水。

"把你的烦恼告诉我吧，"老太婆说，"说不定我能帮助你。"

芙洛琳很乐意地告诉了她。老太婆听得很认真。她突然就变成了一个漂亮的仙女，说："美丽的芙洛琳，你在寻找的国王已经不再是只鸟儿了。我的妹妹苏斯已经将他恢复原貌，现在就在他的王国呢。不要丧失信心——你会得到你的幸福的。带上这四个蛋，每当你急需帮助时，就打破一个。"

说完，仙女就消失了。芙洛琳得到了极大地安慰，把那四个蛋放进了麻袋中，就向魅力国王的国境出发了。第八天，她来到了一座山脚下，这座山完全由象牙堆砌而成，异常陡峭，没有一个人能成功登顶。芙洛琳试了几次，都是徒劳。突然她想到了仙女的礼物，就拿出来一只蛋，打碎了它，发现里面竟是一些金制的小钩子，把钩子绑在自己的手脚上后，她毫不费劲地爬上了山顶。但是越过山顶，从山的另一边下来后，她又发现了新的问题。下面的山谷是一整块巨大的玻璃。

走在上面存在极大的危险，芙洛琳不知道该怎么办。她又打破了一个蛋，从里面飞出了两只鸽子，拉着一辆马车。马车慢慢地变大，大到足够芙洛琳乘坐。接着，鸽子带着芙洛琳慢慢地飞到了山谷的另一边。"现在，"芙洛琳说，"小伙伴们，你们愿意把我带到魅力国王的王宫

吗？”鸽子们日夜飞行，终于到达了城门口。女王就在那里吻别了它们。

进城时，芙洛琳心咚咚咚的直跳，她用尘土抹黑了自己的脸，以防被别人认出来。她问路人哪里可以见到国王。“他明天将和丑缇娜公主一起去神殿。”路人回答，“因为他最终同意娶她了。”

晚上，可怜的芙洛琳找了家简陋的旅馆住了下来。第二天早上，她起了大早就去神殿了。她看到两个王座，一个是魅力国王的，另一个是丑缇娜的，因为丑缇娜早已被视为王后了。国王和王后到了——他看起来更加英俊了，而她看起来比以往更加丑陋。芙洛琳在侍从中向前挤的时候，丑缇娜看到了她，皱了一下眉，说：“这是谁，竟胆敢如此靠近我的黄金宝座。”

“我是个乡下女孩，”芙洛琳说，“我大老远来到这里，是要卖给你一些稀世珍宝。”她一边说着，一边从麻袋中掏出魅力国王给她的那对绿宝石手镯。“确实是相当的漂亮。”丑缇娜说，并把它们拿给了国王看，问他觉得这对手镯怎么样。

国王的脸立马变得刷白，他犹豫了一下，说：“这对手镯可以抵得上我整个王国，十分珍贵稀有，世上应该只有这一对吧！”

“那我要把它买下来。”丑缇娜说，走到芙洛琳面前问她这对镯子多少钱。

“我不要钱，夫人，”芙洛琳回答说，“但是如果你允许我在宫殿中的回音阁睡上一晚，我就把这对镯子给你。”

“那好吧。”丑缇娜笑着说，露出了她那野猪獠牙般的牙齿。

因为在国王还是一只蓝鸟的时候，对芙洛琳谈起过这间奇妙的回音阁，他可以在自己的房间听到别人在回音阁中的每一句话。所以，这是责备国王抛弃自己的最好方式。但是，这位可怜的，年轻的女王白白哭了一晚上——国王什么都没听见。为了忘了自己的悲伤，他在睡前喝了安眠药。

第二天，芙洛琳非常困惑，因为国王没有任何反应。“如果国王听到我所说的了，”她想，“那说明他不再爱我了，如果他没听到，我怎样才能让他听到呢？”

她决定再试一次。她没有任何稀有的珠宝可以吸引丑缇娜的注意力了，所以她打破了第三个蛋。里面是一架由精钢制成的小马车，由六只绿色的小老鼠拉着，车夫是一只玫瑰色的大老鼠，还有一只紫色的大老鼠做随从。马车里面坐着四个会玩各种魔术的小木偶。

芙洛琳对这个漂亮的小玩意极为满意，就在宫殿的花园里等丑缇娜。丑缇娜刚一出现，芙洛琳就让小老鼠们快速驾驶马车，让小木偶对丑缇娜鞠躬。丑缇娜既吃惊又高兴，她愿意出任何价码来买这件奇异的小玩意。芙洛琳拒绝了黄金，但说她只想在回音阁再睡一晚上。丑缇娜同意了，但这次又是徒劳，国王又喝了安眠药，整夜睡得很沉，女王的责备和哭泣没有吵醒他。

第二天，芙洛琳打破了最后一只蛋，里面有一个用六只鸟儿做的馅饼，尽管已经做熟准备上桌了，但鸟儿仍旧能够动听地唱歌，并且能够占卜算命。芙洛琳拿着这个神奇的玩意赶去了丑缇娜的前厅。她正在门口等丑缇娜，国王的贴身男仆走过来对她说，“姑娘，如果国王没有吃安眠药的话，你整夜在那里喋喋不休地讲话，肯定会严重打扰到他休息的。”

芙洛琳终于明白了是怎么回事。她从麻袋中拿出一把珠宝，说：“如果你答应晚上不让国王服安眠药，所有这些珍珠、钻石就都是你的了。”男仆答应了。过了一会儿，丑缇娜从房间出来，立马被眼前这奇妙的馅饼吸引了。“这次你想要什么？”她问道。

“还是老要求，”芙洛琳说，“允许我在回音阁中再睡一晚。”丑缇娜深深迷上了这个馅饼，欣然同意了芙洛琳的要求，甚至还给了她一小块金子。

当宫里所有的人都入睡后，芙洛琳满心期待着国王会听到她的声音，最后一次呼喊他，问他，自己到底做了什么，以至于他竟然忘了她，娶了丑缇娜。这次，国王听到了哭喊声，询问身边的人，是谁在回音阁。他的贴身男仆说，是那位卖给丑缇娜绿宝石手镯的乡下女孩。魅力国王吃了一惊，迅速起床，穿好衣服，从秘密楼梯进入了回音阁。他认出了芙洛琳，跪倒在她的脚下。他们互相倾诉发生的一切、他们是如何分开的，并且重申了彼此间爱的誓言。

但是他们能否结婚还不明确，苏斯仙女非常固执，他们束手无策。然而，国王的朋友魔法师和先前给了芙洛琳四个魔蛋的仙女联合起来，比苏斯的法力还要高强。他们宣布，这对恋人不应该再继续受挫折，而应该马上结婚。苏斯仙女不敢违抗他们的意愿。丑缇娜听说这一消息后，冲到了国王面前，她惊讶地认出了那个乡下女孩就是她所憎恨的对手。她正准备开口说一些难听、愤怒的谴责之词，魔法师和仙女把她变成了一只母猪。她嘴里呼呼噜噜地跑到了庭院中，随后而来的是宫殿中所有人的一连串笑声。

一切危险解除后，魅力国王和芙洛琳女王幸福地结了婚，过完了自己的一生。

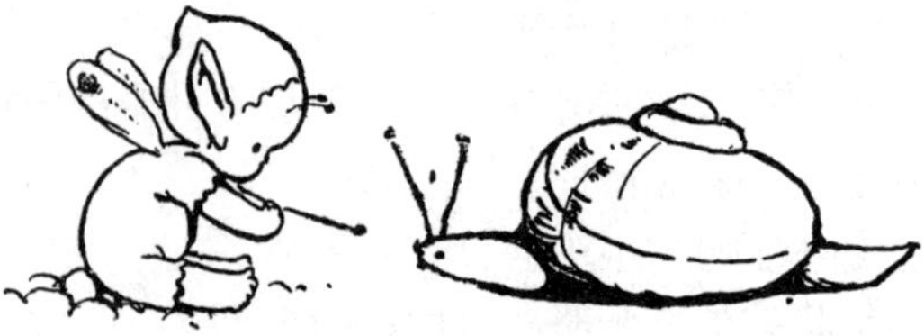

# 一盆康乃馨

很久很久以前，有一位很穷的农夫，他生病了，并且知道自己不久就会死去。他深爱着自己的儿子和女儿，因此想解决他去世后儿子和女儿对财产的纠纷问题。

因此他把他们叫到床前，并立下他的遗嘱：

他告诉他们："当你们的妈妈嫁给我时，带过来的嫁妆就是两个凳子和一床稻草。这些和我的一只母鸡就是我当时所拥有的全部东西；但是一次偶然的机会，一位贵妇人来到我这贫穷的小屋待上了一段时间，当她走的时候她送给了我一盆康乃馨和一只普通的银戒指并对我说：'好好照顾这些花儿并且细心给它们浇水，把戒指藏在一个安全的地方。我预言你的小女儿长大后一定貌美如花，就叫她菲里西缇吧。当她再长大点儿，能照顾花儿的时候，就把康乃馨和戒指都给她吧，以安慰她让她觉得自己并不是贫穷的、一无所有的孩子。"

"所以，现在，"好心的农民继续说道，"我亲爱的女儿，你应该拥有它们，剩下的一点儿可怜的财产，我将留给你的哥哥了。"

这两个年轻人对他们分到的东西很满意，在老农死后不久，兄妹俩继续住在这个小木屋里。一开始，兄妹俩相处得很愉快，在一起住得也很满意。但不久后，哥哥布伦开

始嫉妒妹妹拥有康乃馨和戒指。有一天，妹妹费里西缇不小心坐在了父亲留给哥哥的其中的一个凳子上，布伦生气地大声喊道："你想怎么样对待你的康乃馨和戒指都行，但是不要碰我的凳子。"然后，布伦就把两条凳子都拿走了，妹妹只好站着。

吃晚餐的时候，布伦有一个非常大的鸡蛋，那是父亲留给他的那只母鸡下的蛋。可他的心情还是不好，当他吃完饭后，他把空蛋壳扔向费里西缇并且说："这就是你那份，如果这对你来说不够的话，你可以出去到沼泽地捕一些野蛙回来自己做一顿。"

对于他的粗鲁的言语，妹妹并没有说什么，只是走到一边，默默地哭泣。她的小卧室里充满了令人愉悦的芬芳，她知道一定是康乃馨的香味。她捧起康乃馨，抚摸着它们并轻声说着："我美丽的花儿，你这白皙的颜色和甜美的芳香对我是多大的安慰啊。我永远也不会将你采摘下来，也不会让你缺水，因为你是我唯一的朋友。”

然后她感觉康乃馨的土壤好像有点儿干，因此，尽管是晚上，她仍拿上水罐在月色中跑向离家有点儿远的小溪旁灌水。因为跑的有点儿快，到的时候，小姑娘气喘吁吁，因此她坐在小灌木林旁边休息了一会。

正当她刚刚坐下，突然出现一位穿着华丽的美丽的女士穿过草地朝着小溪边走过来，她身后跟着一列高贵的女仆和其他侍从。她在小溪边停了下来，其中几个仆人抬出雕花的橡木椅子，用金布在椅子上搭出一个天蓬。其他的仆人则抬出桌子，摆上美味的盛宴。水果都盛放在金制的盘子里，酒都盛在水晶制的杯子里。然后，当这位女士和她的同伴分享这个盛宴时，柔美的音乐缓缓奏起，有些侍女跟着唱起来。

费里西缇盯着这令人惊喜的场景，她一动也不敢动，以免被人发现。不久，那位漂亮的女士对她的一个侍从说：“我觉得有个牧羊女躲在旁边的草丛里，去把她带过来。”

当费里西缇听到这话的时候，她从灌木丛中走向前，对这位漂亮的女士深深地鞠了一躬并且低头吻了她的长袍的下摆。

“你一个人在这儿做什么呢，可人儿？”漂亮的女士问道，“难道你不怕会有强盗？”

“我尊敬的夫人，”小女孩红着脸回答道，“我唯一有的就是一件亚麻长袍，强盗又能从我这样的农家女孩身上抢走什么呢？”

尊贵的女士微笑着问道：“也就是说你并不富裕？”

费里西缇回答说：“的确我很贫穷，我父亲去世后留给我的仅有的东西就是一盆康乃馨和一枚银戒指。”

“但是你有一颗心，如果想把这颗心从你身上拿走，你会给么？”女王问道。

费里西缇回答说：“我一直都听说，如果没有心，一个人就无法再活下去，虽然我很贫穷，但我却愿意毫无遗憾地活下去。”

女王继续问道：“告诉我，今晚你是否吃过一顿美好的晚餐？”

“没有，夫人。晚餐只有一点儿，哥哥全都吃光了。”费里西缇如实回答着。

因此，善良的女王立刻命人在她旁边给费里西缇腾出一个位子，并且让她随便吃餐桌上的任何东西，但是费里西缇激动得一口也吃不下。

随即女王又问道：“我想知道，这么晚了，你一个人在小溪边做什么？”

费里西缇回答说：“夫人，我到这儿来是给我心爱的康乃馨取水的。”她边说边取出她的水罐，可当她把水罐拿给女王看的时候却惊讶地发现水罐变成了金子做的，并且装满了香气醉人的水。她立刻放下水罐，害怕她是拿错了水罐。但是女王笑了并和蔼地说：“费里西缇，我把这个送给你，去给你的花儿浇水吧，并且记住森林女王永远是你的朋友。”牧羊女跪在女王脚边说道，“为了报答您给予我的荣誉，我想送给您我最珍贵的两件财物中的一件——一盆康乃馨来，恳请您在这儿等我几分钟。”女王回道：“非常好，那我在这儿等你回来。”

费里西缇拿着她的水罐飞快地跑回她的小屋。可是，天啊！她发现，趁她不在，她的哥哥竟然偷走了她的康乃馨，并在那儿放了一大颗卷心菜。

当费里西缇看到这一切时，她沮丧极了，并且犹豫到底要不要再回到小溪边。最后她下定了决心，回到了小溪边，在女王面前跪下并且诚恳地说道：“夫人，布伦偷走了我的花，所以我除了一枚银戒指再也没有别的东西了，请您收下它，它代表我对您的感激之情。”

“可人儿，如果我拿走了你的戒指，你自己就没有任何东西了。”女王说道。

“夫人，我并不介意，只要有您的帮助。”费里西缇回答。

女王收下了戒指，戴在了手指上。然后，她登上自己的珊瑚车，车上镶满了绿宝石，由六匹白马拉着。她很快消失在夜色中。

费里西缇一直盯着，直到什么也看不见了。回到自己的小屋中，她做的第一件事就是把这颗卷心菜丢到窗外，一个声音突然尖叫出来：“噢！你这样会害死我的。”她困惑极了，因为卷心菜可不是会说话的东西啊！

第二天，她起得非常早，她到外面去找自己的水罐，她

看到的第一件东西就是那颗卷心菜，她踢了它一脚并嘟囔着："你以为你可以代替我可爱的康乃馨吗？"

"如果我没有被带进你的房间，我根本不会想去那里。"卷心菜生气地说道。

费里西缇听到卷心菜开口说话之后，害怕极了，但是卷心菜仍然继续说着："如果你把我放回到我的菜园子里，我就告诉你你的康乃馨在哪儿——它们被藏在布伦的床上。

费里西缇很沮丧，因为她没有办法将康乃馨拿回来，但她还是好心地将卷心菜种回到它原来的园子里。当她做完这一切的时候，看见了哥哥的母鸡并且冲着它说道："布伦对我所做的一切，我都要报复在你身上。"

"不要杀我，牧羊女，"母鸡害怕地请求着，"只要你不杀我，我就告诉你一个关于你自己的美好故事。首先，原本和你住在一起的农夫并不是你的父亲。你的母亲是一位王后，她已经有了六个女儿，在你出生之前，国王威胁说要是第七个孩子还不是男孩的话就会杀了她。可怜的王后被关在了一个士兵守卫的城堡里，如果她生出来第七个女儿，这些士兵就要将她杀掉。王后有一位妹妹是个仙女，所以她们在一起计划要是王后生下的还是女儿，仙女就用自己的儿子来交换。因此小男孩被放在了摇篮里，他的妈妈把他交给了风仙子，并让风快点儿带着小王子来到王后的城堡，用他将小公主换下来。但是计划没有成功，王后害怕她的仙女妹妹会耽误太久，已经贿赂了看守的士兵让她逃走。你一出生，这个不幸的王后就带着你，来到了这个小屋躲藏。由于悲伤和疲倦，王后几乎奄奄一息。我是农人的妻子，也是一名好保姆，因此她把你交给我负责抚养，但是在告诉我们怎么做之前，她就已经去世了。

"我是一个非常多话的人，因此不断地把她的故事告诉所有的邻居，有一天，有一位非常漂亮的女士经过，当我正告诉她关于你的事的时候，她用魔杖轻轻地点了我一下，我就变成了一只再也不会说话的母鸡。当我的丈夫回到家之后，到处找我，最后，不得不认为我是溺水淹死了或者是被猛兽给吃了。后来，那位女士又一次来到这里，她告诉我丈夫给你起名叫作费里西缇，并且给了他一盆康乃馨和一枚银戒指作为礼物。当她来这儿的时候，来了一百个你父王派来的士兵，他们要杀死你，于是她就把他们全都变成了绿色的卷心菜，其中有一颗被你昨晚扔出了窗外。直到现在我也没听过他们中的任何一个可以开口说话。我也不知道为什么我的声音又回来了。”

听到这个奇怪的故事之后，公主惊讶极了，并对母鸡说道：“真的是深深地抱歉，我可怜的奶妈，如果可以的话，我愿把您变成以前的样子。我确信事情不会永远都像现在一样，现在我要去寻找我的康乃馨，对于我而言，它是最珍贵的东西。”

费里西缇仍然对母鸡告诉她的那个故事感到很惊讶，她回到小屋，决定开始寻找她心爱的康乃馨。与此同时，布伦已经到森林里去了，因为他不会想到费里西缇可以找到康乃馨。费里西缇直接进了布伦的房间，但是在那儿她遇到了许多的老鼠，这些老鼠扑向她，试图把她从床边赶走。但是费里西缇一点儿也不害怕；她相信仙女的礼物一定带有魔法，于是她拿起装满香水的水罐，在老鼠身上洒了几滴水，它们都立刻吱吱地逃走了。费里西缇顺利地拿到了康乃馨，它们并没有受到伤害，只是因为缺水而变得有点枯萎。她把水罐里的水全都浇灌在了康乃馨上，它们立刻活过来了，花香充满了整个屋子。当她快乐地闻着花香时，她听到中间的一片叶子温柔地说：“令人惊奇的费里西缇，这是我期盼已久的开心的一天，因为到这一天，我就可以开口跟你说话了，你如此的美丽，连花儿也羡慕你、爱你。”

这个年轻的女孩如此的惊讶并对那天她所遇到的一切困惑不已——从一开始听到卷心菜和母鸡开口说话到

遇到一大堆老鼠，现在她又听到了她心爱的康乃馨开口说话，这一切都足以让她吓晕过去。

正在那个时候，布伦回来了，当他发现费里西缇已经找到了她的康乃馨，他非常生气，立刻将费里西缇拽到门前，将她用力地推出房外。她跌倒在了地上，脸贴在了地上。当她睁开眼睛时看见了高大的森林女王站在她旁边。

她对费里西缇说道："你有一个非常邪恶的哥哥，我已经看到了他是怎么样将你从屋子里扔出来，你想要报复他吗？"

"不，夫人，"女孩说道，"我没有生气的感觉，为什么我要学着他变得那么邪恶呢？"

"我不知道为什么"女王继续说着，"但是我认为这个粗野的农民并不是你的哥哥，你认为呢？"

牧羊女谦虚地回答："但是目前看来，他真的是我哥哥。"

"什么？难道你没有听说你是一个公主的出身吗？"女王惊讶地问。

"我只是第一次听到这件事，我没有证据去相信这是真的"小女孩回道。

"亲爱的孩子，"仙女又开始说着，"你的回答让我很高兴，因为我知道了在这样一个贫困的环境里你并没有被带坏。是的，你确实是一位公主，但是直到现在我也没能用我所拥有的力量来将你从所遭受的不幸之中解救出来。”

此时，女王的话被一位英俊小伙子的出现打断了。他穿着翡翠色的天鹅绒，头上戴着康乃馨的王冠。他跪在女王面前，她将他拥在怀中惊呼道：“我亲爱的儿子，你受的诅咒已经结束了，感谢这位美丽的少女的帮助。”

然后，女王又转身看着费里西缇说道：“我知道那只母鸡所告诉你的一切，但你不知道的是我就是那位仙女——你母亲的妹妹。当我命令风仙子将我的儿子送去和你交换时，它们将他放在了一张花床上。此时，有一个能力很强的仙女，抓住了这个机会，她与我有过节，自从我儿子出生后她就一直在等这个机会，她将躺在花床上的我的儿子变成了一盆康乃馨。我用尽了我所有的能力都没能挽回这个不幸。我沉浸于悲伤中，并且用尽我所有的时间试着找出解救的方法。我只找出一种方法，就是将儿子带到你被抚养长大的地方，因为我预见到当你用我给你的金水罐里的水浇灌花儿的时候，他就可以说话并且爱上你，然后你们两个就会有幸福的生活。我给你一只银戒指，这只银戒指我必须要从你手中收回来以作为一种表示，邪恶的诅咒将会失去魔力，尽管我们的敌人——老鼠会阻止你救出康乃馨。因此，亲爱的费里西缇，如果我的儿子要用这枚银戒指娶你，你就会拥有永远的幸福。你认为你可以将我的儿子作为丈夫来爱他吗？”

“夫人，”费里西缇公主回答道，“您帮助了我很多，并且是我的姨母，您用您的魔法将要杀害我的士兵都变成了卷心菜，把我的保姆变成了一只母鸡，为了让我嫁给康乃

馨王子，您给了我很多本该不属于我的荣誉。但是我还是很犹豫，因为我不知道他是否真的爱着我，如果不能确定他的爱意，我是不会同意的。”

康乃馨王子立刻就向费里西缇表达了爱意，他说当他还是一束花的时候就爱上了她并且一直希望可以告诉她。

当他们正在说着这一切的时候，女王用她的魔杖轻轻地点了一下费里西缇，并许给她世界上最昂贵的礼服。她的棉布裙立刻变成的镶着珍珠的银袍。她乌黑的秀发上戴着钻石的王冠，罩着金色的薄纱，她的脸色如玫瑰花、百

合花般娇艳动人。

正在那时，布伦准备去工作，看到了费里西缇的装扮，还以为是自己在做梦。但是费里西缇叫住了他并恳请女王可以同情他。

“什么？他对你如此不好你还要同情他？”女王很诧异。“我如此幸福，”公主说道，“所以我也希望他能幸福。”女王吻了吻公主，对她说：“为了让你开心，我会让布伦变得富裕，”她用魔杖点了点小屋，小屋立刻变成了一座宫殿，装饰精美，装满了宝物。但是他的凳子和床垫仍然还在，这是为了提醒他不要忘记了以前的贫穷。女王也将他的容貌举止改变了。布伦恳求公主能原谅他，并且向她和仙女表达了他的感谢。最后，女王的魔杖一挥，卷心菜全变成了男人，母鸡变成了一名农妇。只有康乃馨王子还不够满意并且恳请公主可以好好地考虑他。最后,她同意了,因为她从来没有见过一个更英俊更有魅力的年轻人了。

森林女王对于她最美好的祝愿变成了现实感到很开心。她不遗余力地将婚礼办得无比隆重,盛大。

王子和公主的婚姻最终是幸福的,公主很快就忘记了在遇到森林女王以前所遭遇的所有不幸。

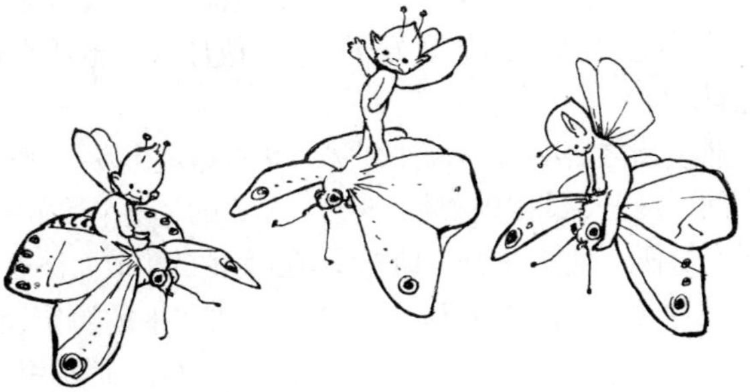

# 熊皮和绿衣人

很久很久以前，有一个年轻人，他除了与人争斗之外就没有别的什么特别的爱好了，于是他加入了他所在国家的军队，当上了一名士兵。

他入伍之后不久，一场长达八年的战争就爆发了，整个战争期间，年轻人都很勇敢地战斗着。所幸的是整个战争中，他并没有受伤。但另一方面，他并没有因为他的勇敢而被提升。

战争结束后，战争双方签订了长期和平的协定，许多士兵都解甲回乡了，包括这位年轻人。国家告诉他们最好回家之后找一些别的工作，因为不需要他们去打仗了。

在战争期间，这个年轻人的父母已经离开人世，他没有家了。因此他请求他的兄长们能够收留他，

直到发生新的战争。但他们都是铁石心肠，并且对这个年轻人说他不是什么好东西，应该自力更生。这个可怜的小伙子除了自己的枪一无所有。于是他扛着枪，又开始寻找别的出路。

他四处闲逛，来到了一片又大又平坦的草地，四周都是树。坐在树荫下，他悲伤地自言自语道：

"我没有钱，除了做士兵之外，别的什么也不会，现在又处于和平时期，现在除了被饿死，没有别的出路了。"

就在那时，他听到了一阵嘈杂的声音，抬头一看，一位穿着绿衣服，打扮富贵的陌生人站在面前。

"我知道你想要什么，"这位陌生人说道，"就是钱。现在你可以想要多少就有多少，但是首先我必须要确定你不是一个胆小的人，不是一个懦夫。"

年轻人回答道："士兵和懦夫是两个对立的词，你可以用你想的任何方式测试我。"

"很好，"陌生人说道，"向后看！"

转过身，士兵看到一只咆哮的熊正朝着他走过来。"噢！噢！"年轻人叫道，"让我来看看你还怎么咆哮。"说完举起枪，将那只熊一枪毙命。陌生人高声喊道："很好！我看到了你丝毫没有畏惧，但是仍然还有别的任务等待你去完成。"

年轻人回答："我并不介意，只要你不要让我去犯错。"年轻人看出来自己是在和恶魔做交易。

陌生人说："你可以自己去判断。七年，你不许洗澡，也不许梳头发和胡子。我会给你衣服和一件斗篷，这七年，你必须一直穿着这斗篷。如果这七年期间你死了，你就归

我所有；如果经历过这七年，你活下来了，你将会变得非常富裕并且从此无忧无虑。”

士兵知道自己是多么的贫穷，之前他也曾那么多次勇敢地冒过生命危险。于是他决定接受这个提议。

绿衣人脱下他的外套并把它递给了士兵，说：“只要你穿上这件衣服，每次你把手伸进口袋的时候就会掏出来满把的金子。”随后他剥下熊皮，补充道：“你可以把它当作是你仅有的斗篷或者是床垫，你因此也就会被叫作熊皮人。”说完这些话，这个陌生人就消失不见了。士兵立刻穿上了这件绿外套，把手伸进其中一只口袋，掏出了一把金子，那位陌生人并没有欺骗他。裹上熊皮，我们的士兵开始环游世界，想花多少钱就花多少钱。

在第一年，他的容貌并没有那么糟糕，但是从第二年开始，他的外表变得越来越可怕。他的头发变得又长又蓬乱，胡子乱糟糟的结成一团。他的脸变得很脏，仿佛把种子种在上面都可以发芽似的。每个人看到他都惊恐地逃离，但是因为大家看到他对所有穷人布施，让他们为他祈祷不要在七年之间死去，并且他看起来也像是一个比较诚实的人，所以他总是还能找到安身之处。

熊皮人的话“我必须确定你是没有畏惧之心的人”又在耳边响起。

如此，随着不愉快的时间慢慢地过去，直到第四年。一天晚上，他来到一个客栈，客栈老板甚至不愿意让他住在马厩里，害怕他的样子会惊吓到马匹。但是熊皮人把手伸进口袋，掏出了一把金子，于是客栈老板改变主意，同意了他住进正对客栈庭院的一个房间，但前提是他必须保证不让别的客人看到他的样子，以免把其他客人都吓跑了。有一晚，熊皮人正坐在房间里祈祷这七年赶紧过去，突然听到隔壁房间传来一阵凄惨的哭声。心一软，他打开房门，看到一位老人在埋头啜泣。当老人抬头看到一头怪物时，吓得差点逃跑。可是他听到一个人的声音，熊皮人的声音是那样的友善，想引导让老人将困难告诉他。看起来这个不快乐的陌生人弄丢了他所有的钱，他和他的三个女儿陷入如此窘境，甚至还不清欠客栈老板的房钱，为此老人即将被捕入狱。

“如果这是你伤心的唯一原因的话，那我可以帮你解决，因为我有很多钱。”熊皮人说道。他去客栈老板那里付清了老人欠下所有的房钱，并且给了那个贫穷的老人足够的钱，让他们还债并重新开始新的生活。

因不必再担心困难，这个老人很急切地想表达自己的感激之情。对他说：“跟我来我家，我的三个女儿都很漂亮，你可以挑选一个作为你的妻子。如果她听说了你为我所做的一切，她肯定不会拒绝你的，虽然你穿着这衣服显得很古怪，但是一个女人将很快能帮助你改变它。”

熊皮人接受了老人的邀请并去了老人的家。但是当最大的女儿看到了他令人恐惧的模样之后，吓得尖叫着跑开了。第二个女儿上上下下打量了他一番，说道：“我怎么能选一个甚至没有一张人脸的家伙做我的丈夫，我宁愿嫁给那天在集市上表演的无毛熊，它仅仅只是丑陋而已，而

这个就完全是个怪物嘛。”

但是最小的女儿说道：“亲爱的父亲，他肯定是个很好的人，因为你在有困难的时候他帮助了你。既然你许诺了会将一个女儿嫁给他做妻子，就必须要信守承诺。”

熊皮人的脸长满了毛发并且都被灰尘盖住了，所以在听到小女儿的一番讲话之后高兴的表情并不能被旁人所看到。他从手指上摘下一枚戒指，并将它一分为二，一半给了这个少女，告诉她要小心收藏，他也会小心收好另外的一半。当晚，他离开了老人的家，对小女儿说：“现在，我必须要离开你三年，如果我三年后回来了，我们就结婚，如果没回来，就说明我已经死了，而你也自由了。祈祷我还活着吧。”

可怜的小女孩感到非常伤心，当她想他的时候就会眼泪汪汪。她的姐姐们却拿他取笑她，最大的姐姐甚至说："照顾好你自己哦，当你把手给他的时候，可不要被他的爪子抓伤才好呢。"

第二个姐姐说："熊都喜欢吃甜的东西，小心他在吻你的时候不要把你吃了。"

最大的姐姐继续说道："你必须要时刻顺从他，否则他会咆哮的哦。"

第二个姐姐又继续补充说道："婚礼应该也会很愉快吧，因为你知道的，熊都是爱跳舞的。"

小女孩就让姐姐们说她们爱说的，并没有因此发火。熊皮人继续旅行，无论在什么地方，他都给那些穷人慷慨无私的帮助，只让他们为他祈祷可以活过这七年。

最终，七年结束了，熊皮人回到了原来的那片被树环绕的草地上。一阵风吹过，那个陌生的恶魔又出现了，似乎情绪不怎么好。他把士兵原来的旧衣服扔给他，并要求他将绿外套还回来。熊皮人说道："请等一下，首先，你必须帮我清理一下。"尽管不怎么情愿，这个恶魔还是只好去取水，帮熊皮人清洗了一下，梳理了头发，剪掉了指甲。熊皮人现在看起来模样很不错，甚至比以前还要英俊。

当这个恶魔没有折磨他就消失的时候，熊皮人觉得好像是卸下了心头重担。他回到了镇上，穿上了一件很体面的天鹅绒外套，用四匹白马拉着的马车去迎接他的未婚妻。那里再没人能认识他。那位父亲把他当成了一位身份高贵的人，领他进了女儿们在的房间。两个大女儿为他准备了可口的饭菜，彼此之间窃窃私语，她们从来没见过这么英俊的人似的。但是他心爱的小女儿却穿着黑衣坐在他对面，垂下眼睑，一言不发。当老人问他是否要从他的女儿中挑选一个作为妻子的时候，两个大女儿都跑到自己的房间换上了各自最好看的衣服。两个人都觉得自己肯定会被选中，成为他的新娘。

当房间只剩下小女儿和陌生人时，他从他的口袋中掏出那半个戒指，把它扔进了一杯酒里，并把酒给小女儿。当她喝完酒的时候，在杯底看到了那半个戒指，她的心脏欢快地跳动起来。紧紧抓住挂在她脖子的项链上的另一半戒指，她把两半戒指对合，两半戒指完美的合成了一枚。

然后这个陌生的男子开口对她了："我就是你以前看到的那个外表令人恐惧的的未婚夫，感谢上天，我现在又恢复了人的模样。"

他将她拥在了怀中，一遍一遍地吻她。就在那时，她的两个姐姐穿着她们最好看的衣服齐刷刷地出现在他面前，但是当她们听说这个年轻英俊的男子就是当年的熊皮人，就是她们妹妹的未婚夫的时候，都生气又嫉妒地跑开了。最大的那个女儿跳进井里淹死了，二女儿则在树上吊死了。

当天晚上年轻人听到一阵敲门声，他打开门，看到了穿着绿衣服的恶魔，他兴冲冲地说道："你确实是逃离了我手心，但是我又抓到了另外两个。"

# 命运和幸运

从前有一位王后，生活在一个遥远的国度。她有两个可爱的儿子，于是她请求她的一个朋友——一位善良的仙女做小王子们的教母并且给他们每个人一件礼物。

仙女回答说："很好，我赋予大王子每一件不幸的事，直到他二十五岁。我给他取名叫命运。"一听到仙女的这些话，王后就开始啜泣起来并恳请仙女能改变她所赐的礼物。

仙女说:“你并不了解你的要求意味着什么,但是他必须是不幸的,否则他就会变得顽劣不堪。”听到这些王后也不敢再多说什么了,但是她请求仙女能让她自己为小王子挑选礼物。“或许你做的选择并不正确,”仙女回答,“但是没关系,我会给小王子你所希望的一切。”

王后说:“我希望他想做任何一件事都能够成功。”

“你这样是错的,”仙女说,“因此我也只准许他拥有这件礼物到二十五岁。”

国王和王后为两个王子选了保姆,但是第三天,大王子的保姆就生病发烧了,他们又给大王子选了一个,可是不久这个保姆又跌倒并摔断了腿。后来的第三个保姆也生病了,于是大家就四处传播谣言说大王子是不幸的化身,把不幸带给了所有的保姆,没人能够靠近他。最后来了一位身强体壮的农妇,这位农妇有很多的孩子,她很难养活他们。她说只要给她一大笔钱她就可以照顾大王子,国王和王后也不敢亲自照料可怜的大王子,于是他们就按照农妇所说的做了,并叫农妇把他带到自己住的村子里去。

邪恶的农妇就把命运带到了自己的农舍,剥下他漂亮的衣服并穿在了自

己的一个孩子身上。然后她用一件旧斗篷裹住大王子，把他带进森林扔在了一个有三只小狮子的树洞里，想让他被小狮子给吃掉。但是狮子妈妈并没有伤害大王子，她把他和她的孩子们一起喂养，大王子越来越健壮，六个月就可以一个人跑来跑去了。此时假冒大王子的孩子死了，因为摆脱了他，国王和王后都很高兴。

直到两岁，命运都一直待在树林里，直到有一天，一位贵族来打猎发现了他。因对这个健壮的小男孩心存怜悯，也因听说小王子幸运需要一个伴，他就把命运带到了宫廷里，并把他献给了王后。

教导幸运读书的老师被下了命令：不准弄哭小王子。小王子知道国王王后对老师下的命令，于是每当拿起书的时候就开始故意哭起来，因此直到五岁了，他还不识字，但是命运都已经会读得很好会写得很好了。

每一次，不管幸运多么顽皮，最终替罪羊都是命运。因此不管他有多么的优秀，都要被惩罚。除此之外，幸运对他这个不为人所知的哥哥非常不友好。任何时候，不管谁给了命运一个苹果或者是玩具，幸运都会从他手中抢过来。总而言之，命运从来都不能有让自己开心的事。

到大儿子十岁的时候，王后开始对小儿子的无知感到惊讶，于是她跑去询问仙女，仙女说："你当时应该许愿你的儿子能有一个好性情，而不是许他能做成功所想做的一切。他只是希望自己顽劣，他也成功地变得很顽劣了。"

王后一个字也说不出了，她悲伤地回到宫殿。她下定决心要惩罚幸运，但是这个调皮的小王子却说如果王后使他生气的话，他就绝食直到饿死。听到这个，王后很是害怕，于是她亲吻了小王子并给了他很多糖果，告诉他说只要他照常吃饭就可以一个星期不用上课。

与此同时，命运却变得又优秀又聪明，他做什么事都让着幸运，但是这个邪恶顽劣的小王子却因为命运比他聪明而气恼，他不能容忍命运，并且告诉王后说他将会绝食，除非把命运驱逐出宫。因此可怜的命运被赶出来，流落街头，由于害怕得罪王子，没人愿意收留他。

命运没有吃的，只有一个好心人给了他一块面包皮，哆哆嗦嗦在一棵树下，他度过了一个寒冷的冬夜。第二天早晨他告诉自己："我不能再在这儿待着了，应该先找份工作，随后在能够参军的年龄入伍。我记得曾经在书上读过历史上很多普通的士兵变成了大将军，也许我会有同样的运气。我既没有母亲也没有父亲，但是上帝给了我一头母狮作为养母，上帝将不会遗弃我。"他跪下来祈祷，一个好心的农民刚好路过，自言自语道："我确信这是一个很好的小伙子，我要把他带回去为我做事。"他一直等到命运祈祷完毕，然后对他说："小伙子，你愿意到我这儿来帮我照顾羊群吗？我提供给你吃的并且照顾你。"

"我很愿意，并且我愿尽我所能为您做事。"命运回答道。

这个好心的农民却有一个邪恶而贪婪的妻子，有一天她对命运说："我丈夫很吝啬，从来不给我一丁点儿钱，你给我一只羊吧，然后你可以对他说羊被狼抓走了。"

小伙子回答道："我很乐意为您效劳，可是我宁愿死也不愿意说谎话或者是偷盗。"

"没有人会知道你做了什么。"这个农妇说。

"可是上帝会知道的，他知道我们所做的一切事情，如果我们说谎或者偷盗，他会惩罚我们的。"命运回答道。

这个回答激怒了农妇，她鞭打命运，直到他叫出声来。农夫闻声赶来并问到底出了什么事情。他的妻子回答说："命运是一个贼，我看见他吃了一罐我要拿去卖的奶油。"

农夫愤怒地说道:“你将会因你的贪婪而受到惩罚的。”说罢,又是对命运一顿抽打。

从此之后,农妇对命运坏得不能再坏了。她让他睡在田野里,不给他和别的佣人一样的伙食,只给他面包和水。

命运跟随农夫过了一年,尽管一年来他只是睡在光秃秃的地上并且营养不良,却成长得很强壮。尽管只有十三岁,可看起来像是有十五岁的样子。而且,他现在变得很有耐心,当他被无理由地责罚时也不再抱怨了。当他仍然在农场的时候,他听说邻国国王陷入了一场大战争之中。他请求农夫让他走,并且徒步去了邻国恳请国王让他入伍成为一名士兵。他被分到了一个团,上尉是一名贵族。不幸的是,这名上尉是一个十分粗暴的人,他虐待士兵并搜刮了一半国王给士兵们吃穿用的钱。在这里,命运过得比在农场时更不快乐。

有好些战友退伍不干了,但是命运发誓要服役十年,坚决不效仿那些退伍的人。尽管上尉对命运并不比对其他人要好些,他仍然尽职尽责,获得了上尉的信任。所以不管任何时候,如果上尉要离开军营一段时间,都习惯性地把钥匙留给命运保管。

上尉有一座很华丽的图书馆,他从来不用这个图书馆,只是借此想给别人一种他很聪明的印象而已。因此当命运完成一整天的任务时,他不会和别人一样去打牌喝酒,而是喜欢把自己关在上尉的图书馆里面阅读学习军书,想要将来有一天自己可以有能力带领一支军队。

时机到来了,命运所在的团被命令去服现役。很快,他和其他五个人被选中跟着上尉去一座树林。当他们来

到树林中，并且远离了其他部队的视野和听力范围时，士兵们低声私语说："干脆我们杀了这个恶贯满盈的人，他抢走我们的食物和军饷。"命运试图劝服他们不要这样做，但当他们不听他的劝告时，他拔出剑，和上尉一起，亲手英勇地杀死了四个人。上尉恳请命运原谅他并将他的英勇行为告诉了国王。国王重任他为上尉，并给了他一大笔钱。

命运是一个好上尉，当士兵受伤时，他会照顾他们，并把自己的军饷拿出来与他们分享。最终，一场大战爆发了，带领军队的将军被杀了，一时间官兵们仓皇撤退。命运冲向前大喊着宁可手握长剑一死也不愿像个懦夫般地逃跑！他手下的士兵全都来到他身边一起奋战抗敌，这场仗打得非常漂亮，他们扭转战局，击败敌人并逮捕很多俘虏。国王让命运当上了全军统帅，并带他面见了王后和他的女儿——公主。

当命运看到美貌的公主时，深深地爱上了她，尽管他并不敢开口告诉她。更麻烦的是，他听说幸运看到了公主格雷西亚的画像，也爱上了公主，并已经派使臣来求婚。

但是格雷西亚知道幸运是一个胆小懦弱、顽劣不堪的王子，所以就恳求父亲不要将自己嫁给他，因此使臣回去回话说公主目前并不想结婚。当幸运听到这个消息的时候大怒一番，因为他已经习惯自己的一切一帆风顺。

他的父王在任何事情上都拒绝不了他，所以只好向格雷西亚的父王宣战。格雷西亚的父王并没有很担心，只是说："只要我有命运作为统帅，我一点儿也不担心会战败。"

很快，国王命人唤来命运，并命令他备战，但是命运跪在国王的脚下并告诉他说自己是幸运的父王那个国家的人，他不能带兵去自己的祖国作战。格雷西亚的父王震怒了，并说如果命运拒绝参战就要处死他，但如果他带兵打赢了，就把格雷西亚许给他做妻子。尽管这对于命运来说是一个极大的诱惑，但他还是决定要承担自己的责任，所以没有再多说一句，命运放弃了自己的财富和地位，离开了王宫。

与此同时，幸运骑着马带领军队前进，但几天之后他就生病了，因为之前从来没有锻炼过。在生病期间，他得知格雷西亚要与曾被自己逐出宫殿的命运结婚了。这个消息激怒了幸运，他决定要废黜格雷西亚的父亲，并承诺奖励将命运逮捕入狱的人一大笔钱。

当两队交战后，幸运赢了。但因为怕死，他自己并没有参战。他来到敌军首都，想攻城将之一举拿下。同一天晚上，命运被用铁链捆绑带到他面前，幸运决定将他斩首示众，并赐予他的将士一顿盛宴一起庆祝他二十五岁的生日。

被围困在城内的士兵得知命运被打入死牢，都请求他们的国王能让他们冒险拼死救出他们爱戴的将军。现在仙女赐给幸运的礼物到了期限，所以当士兵们冲出城外的时候，他的军队陷入一片混乱之中，很快被击溃，幸运也在逃命的时候被杀了。

欢腾的士兵们将戴在命运身上的镣铐卸下，此时，有两辆马车从天而降。仙女就坐在其中的一辆马车上，命运的父母坐在另一辆马车上，但是他们睡着了。当马车落地的时候他们才醒过来，他们惊讶地发现自己置身在军队之中。

然后仙女把命运领到国王王后面前说："夫人，这位英雄就是您的大儿子。他所经历的一切不幸都矫正了他原本可能会犯的错误。如果没经历过这些不幸他可能会是一个暴力而自私的人。幸运，本来生下来是有一个好性格的，可却被溺爱宠坏了。如果他活得更久，就会变得更加顽劣。他被杀了，但是作为对你们的安慰，我必须告诉你们他正准备废黜亲生父亲，因为他已经迫不及待要成为国王了。"

国王和王后赶紧跑过去抱住重新找到的儿子，他的善良以及责任感也能让失去顽劣的小儿子的国王和王后感

到安慰了。

格雷西亚公主听闻命运的英勇事迹后，知道自己将会很高兴和这样的一个王子在一起——一个虽被智慧的仙女赐予不幸，可仍在不幸中锻炼出勇气的王子。

# 两只眼

在一个小镇，曾住着一个妇人，她有三个女儿，其中最大的女儿被叫作"一只眼"，因为她只在前额上长了一只眼睛。第二个女儿被叫作"两只眼"，因为她长着和普通人一样的两只眼睛。小女儿被叫作"三只眼"，她有一只眼睛也是长在前额上。母亲和两个姐妹都不能忍受两只眼，因为她看起来和其他普通人没什么区别，因此她们虐待她，对她很糟糕。她吃的东西就是其他两个姐妹吃剩下的。她生活得很不开心。

这个家庭很贫穷，她们所拥有的唯一财产就是一只山羊。两只眼要带着这只山羊去田里放牧。有一天，山羊正在吃草，两只眼坐在一个小土丘上开始哭起来，因为她很饿。她的眼泪从脸颊滚落到地上，当她最后抬起头的时候，发现一个老奶奶站在面前。老奶奶问道："我的孩子，你为什么哭呀？""难道我不应该哭吗？"小女孩说道，"我的妈妈和姐妹都因为我有和其他人一样的两只眼睛而憎恨厌恶我。她们给我穿最破的衣服，给我吃她们剩下的食物。今天，能给我吃的东西实在是太少了，所以我仍然很饿。"

聪明的老妇人说："擦干你的眼泪，两只眼，我将告诉你一个秘密，这个秘密能让你不再受饿。不管什么时候，

只要你饿了，你就对你的山羊说‘小山羊，咩咩叫，小饭桌，快出来’，然后你就可以有美味的食物。当你吃完了就可以说‘小山羊，咩咩叫，小饭桌，快消失’，它们就会在你面前消失。”说完这些话，老奶奶就消失不见了。

“我必须马上试一下，看她说的是不是真的，因为我太饿了等不及了。”小女孩自言自语地说着。她转过身对着山羊，喊了一声：“小山羊，咩咩叫，小饭桌，快出来。”刚刚喊完这句话，在她面前立刻出现了一张铺着白色餐布的小饭桌，桌上摆满了银盘，装满了各种各样好吃的东西。两只眼立刻开始吃起来，她发现这些食物又美味，又热乎。吃饱后她说：“小山羊，咩咩叫，小饭桌，快消失。”一转眼，小饭桌就立刻又消失了。

“这倒是一个好方法。”她开心地说道，满意地回家了。回到家里，她看见厨房的土盘子里有一些姐妹们留下的残羹冷菜，但是她没有吃。第二天，她也没有吃姐妹们留给她的碎面包屑，带着山羊就出去了。一开始的两三次，她的姐妹们并没有注意到，但之后，她们都生了疑，并议论说："两只眼现在都不吃我们给她的食物了，以前我们留给她什么她都会吃完，她一定是找到了别的可以吃饭的地方。"

为了查明事情的真相，依照计划，第二天一只眼在两只眼出去放羊的时候跟在她后面去看看她在草原上到底做了什么，看看她在那儿是否有什么东西吃。但是两只眼已经猜到了一只眼心里在想什么，所以她把山羊赶到草丛中，对一只眼说："来，坐在这儿，我给你唱歌。"

在走累了之后，一只眼坐在草地上，她的妹妹还在唱歌："一只眼，你醒着吗？一只眼，你睡了吗？"听着听着一只眼就睡着了，当两只眼看见她睡的很沉，就叫来山羊并且在小饭桌面前吃饱喝足了一番。小饭桌消失后她叫醒了一只眼并且说："你假装想来看山羊，却睡着了，幸好我刚刚是醒着的。来，我们回家吧。"然后她们就一起回家了，两只眼照旧没有吃那些剩下的残羹冷饭。

她的妹妹和母亲都过来盘问一只眼有没有看到什么，可是她只能说："我在草地上睡着了。"

第二天，她们的母亲叫来三只眼，对她说：“这次你去跟着看看是不是有人给两只眼带了什么吃的喝的了，她肯定是偷偷地享用了。”

因此三只眼对她的姐姐说：“我会和你一起去，看看你是不是在好好放羊。”但是两只眼还是猜到了三只眼心里的想法，就像之前一样，她把山羊放进草丛中说：“我们就坐在这儿吧，我给你唱歌。”然后她就用同样的语调，可是却很粗心地开始唱起来：“三只眼，你醒着吗？两只眼你睡了吗？”因此这个小妹妹的两只眼睛都睡着了，可是她的第三只眼睛还没有睡着，因为姐姐唱的歌中并没有让第三只眼睛睡着。三只眼把第三只眼睛闭上，假装完全睡着了，但是她还能看到所发生的一切。因此当小饭桌出现，两只眼坐在旁边吃饭时，三只眼看到了所有的事情。当小饭桌消失不见时，三只眼醒了，并对她姐姐说：“嗯，你把山羊照顾的很好，来，我们一起回家吧。”

当她们一到家，三只眼就冲进去告诉了她们的母亲所有发生的一切，并且说：“幸好我的第三只眼睛是醒着的，现在我知道那傲慢的两只眼为什么不

吃我们留下的东西了。”这个嫉妒的母亲大声尖叫:“她怎么可以比我们吃得好!”说罢,拿起一把锋利的刀刺向山羊的心脏,山羊倒下死了。

心中充满着悲伤,两只眼又跑到了草原上,坐在小土丘上开始痛苦地哭起来。突然,那个智慧的老奶奶又出现在她的面前,说:“我的孩子,你为什么又哭了?”

“难道我没有理由哭吗?”小女孩回答道,“能帮助我得到那么多食物的山羊被我残忍的母亲刺死了,现在我又要受饿了。”

老奶奶说:“擦干你的眼泪,我会告诉你一些好的意见。去问你的姐妹们把山羊的心脏要回来。然后立刻把它埋在你家房子门前的地里面,它会给你带来好运。”

说罢,老奶奶又消失了,两只眼跑回家跟她的姐妹说:“分一点儿山羊给我吧,我不乞求要能当作肉吃的部

分，我只要山羊的心脏。”

两姐妹都笑了，说：“你可以拿走，但是你不要想得到其他的任何东西。”按照那位老奶奶说的，两只眼拿走了心脏并且在那天晚上趁两姐妹不注意，在房子门前的地上挖了一个洞，把心脏埋了。

第二天，当三姐妹从家里出来时，突然发现门前有一颗非常漂亮的树，书上长满了银叶子，树枝间挂满了金苹果。没人能猜出这棵树怎么长在了这儿，只有两只眼留意到树根是从她埋山羊心脏那一块地里长出来的。

母亲对一只眼说：“去，爬上去给我们摘一些果子下来。”但是当她爬上去试图摘下金苹果的时候，树枝都会从她手中弹出去，每次都是这样，所以她只好被迫从树上下来，一个金苹果也没摘到。

然后这个母亲又对三只眼说：“我的孩子，你上去吧，你有三只眼睛，比你姐姐只有一只眼睛要看得更清楚。”

因此三只眼爬上了书上，她确实能看到满树可人的金苹果，但当她试图去摘的时候却并没有比她大姐要好到哪里去，她抓住的树枝都会又弹回去，因此她也只能两手空空地从树上下来。最后，这个母亲变得不耐烦了，于是自己爬上去了。但也和她的两个女儿一样，她只能抓到空气。

这时，两只眼说："让我来爬上去试试看吧，也许我能稍微好点儿。"

"你？就你那两只眼睛？你跟我说你能做什么？"

但是当两只眼爬上去的时候，金苹果并没有从她身边弹走，而是自动落到她手中，她摘了满满一围裙。她的姐妹和母亲把这些金苹果都拿走了。她们对两只眼并没有变好，反而待她更加恶劣了，她们嫉妒两只眼，因为只有她一个人能摘到果子。

有一天，当她们正在树下时，一个骑士骑着马远远而来。

"快，两只眼，快！赶快躲起来不要让他看见你。"其他两个姐妹叫道，说罢把她连同刚刚摘下来的金苹果一起推到了树旁边的一个空木桶里。

当骑士下马走近时，她们才发现他其实是一位年轻英俊的王子。他停下来，欣赏这颗奇美的树并对两姐妹说："这颗这么美的树是谁的？只要是树的主人愿意给我一根它的树枝,我就可以答应她任何一个愿望。”

然后这两个恶毒的姐妹回答说树是她们的,她们会为他折下一根树枝。她俩都使出了浑身解数,但是还是徒劳无功。因为每一次树枝和果子都会自动从她们手中又弹回去。然后王子就说道:“很奇怪,既然这树是属于你们的,为什么你们却不能拿走它任何一点东西呢?”

她们仍然坚持说树是她们的,但正当她们说话时,两只眼从木桶下面扔出几个金苹果,刚好滚到王子的脚边。

王子感到十分惊讶,问这些苹果是从哪儿来的。两姐妹不高兴地回答说她们还有一个姐妹。但她不能见人,因为她和其他普通人一样有两只眼睛。然而,王子坚持要见她,两只眼就从木桶下走出来了。

王子被她的美貌打动了,说:“你肯定可以帮我折一根树枝。”两只眼回答说:“是的,我当然可以,因为这棵树是属于我的。”然后她爬上树,摘下了一根长满银叶子和金苹果的树枝,并把它交给了王子。

然后王子问道:“那我能给你什么呢?我美丽的少女。”

两只眼悲伤地答道:“我挨饿受渴,饱受痛苦与绝望,从早到晚如此。如果你可以带我离开,让我从这悲惨的境地里获得自由,我将别无所求。”

然后骑士将两只眼抱上自己的白马,带着她骑向他父亲的城堡。在那儿,他给她美丽的衣服,美味的食物。很快,王子爱上了这位温柔美丽的少女,在父母的允许下,他娶了两只眼,他们幸福而快乐地生活在一起。

现在，当两只眼被英俊的王子带走时，她的两姐妹既嫉妒又恼怒。“不管怎么样，这颗神奇的树是我们的了，人们肯定会不远万里来膜拜这棵树，或许，我们现在可以摘下果子了。”她们说道。但是，第二天，这棵树消失了，她们所有的希望都成了一场空。

许多年过去了，有一天，当两只眼站在她的城堡门口时，两个穷苦的女人来到她身边乞求她给一些施舍。当她近看她们时，发现了她们是她的姐妹——一只眼和三

只眼。她们沦落到如此境地,只能一家一家地乞讨谋生。两只眼热情地招待了她们,并且帮助她们,安慰她们。她给了她们一些钱,并为她们建了一所房子。她们感激地接受了,并真诚地为在年幼时对两只眼所做的一切坏事而忏悔。

# 寡妇和她的两个女儿

很久很久以前，有一位好心的寡妇，她有两个乖巧美丽的女儿，大女儿名字叫布兰奇，小女儿叫弗米利。之所以这样取名是因为她们一个有着世界上最白皙的肤色，另一个有着像最美丽的珊瑚和朱砂般的脸颊和双唇。有一天，这位好心的寡妇坐在她小屋的纺轮前，她看见一位老妇人迎面走过来，这个老妇人虽然拄着拐杖，走起来仍然很吃力。

“你看起来很累”，寡妇说道，“坐在这儿休息一会吧。”她让她的两个女儿去取把椅子。两个女儿都起身了，但是弗米莉比姐姐跑的要快点儿，并且拿了把带着软垫子的椅子。

“你想要一些喝的吗？”好心的寡妇问道。老妇人回答说：“那我将不胜感激，如果你愿意分一点儿给我的话，我还想吃一些东西。”

好心的寡妇说：“我会给你我能给的最好的，可是因为我很穷，所以给你的可能也不是太多。”老妇人坐在桌子边，寡妇让两个女儿照顾好老妇人，好心的寡妇叮嘱大女儿去树上摘一些李子，这颗李子树是大女儿种的，她非常喜欢它。

布兰奇对母亲的话并不是很开心，在去花园的路上她咕哝咕哝地自言自言说:“我这样精心照顾这颗李子树,可不是为了要给这个老妇人吃的。”她不敢拒绝去摘李子,但是她带回李子的时候表现得很不乐意和不情愿。好心的寡妇又说:“弗米莉,至于你的话呢,就没有什么果子可以给这位老人家了,因为你种的葡萄都还没有熟。”

弗米莉回答说:“那倒是,但是我听见我的母鸡叫了,她刚刚生下一只蛋,如果我们的这位客人乐意吃这只热乎乎的鸡蛋,我也很愿意给他。”

没等老妇人说话,这位天真善良的小姑娘就跑去将那只蛋取来了。但是当她将鸡蛋递给老妇人的时候,老妇人突然消失了,坐在座位上的变成了一个非常漂亮的仙女,仙女对寡妇说:“根据你两个女儿给我的东西,我会给出相应的回报。大女儿将会成为一位王后,小女儿将会成为一个农场的女主人!”

随即,她用她的拐杖在小屋的地板上一震,墙和房顶立刻消失了,家具沉下地面,寡妇和她的女儿们发现她们在一所非常漂亮的农舍面前站着。

“这儿就是你的命运所在了”仙女对弗米莉说,“你姐姐将很快知道她的命运,我确定我给你们的都是你们各自最喜欢的。”

仙女没再说什么就离开了,留下了对这一切感到无比震惊的母女。她们立刻走进了农舍,看到整洁漂亮的家具,她们开心极了。椅子和床架都是用木头做的,但是这些木头被打磨得那么光滑亮丽以至于姑娘们都可以像照镜子一样,从上面看到自己。床单和枕头都洁白如雪,枕头都装满了软软的羽毛,并有一股薰衣草的香味。在农舍周围的农场上，有二十只山羊和二十只绵羊，四头公牛和四头母牛。院子里有各种家禽、鸭子、鸽子。果园里都是长满熟果子的树，农舍旁边的花园里是各种各样的野花。

布兰奇看到仙女赐给妹妹的礼物并没有感到嫉妒，因为她想到仙女说过的她将会成为一个王后。突然，她听到有马蹄声和一群猎人的声音经过农场。跑出大门的时候，她刚好遇到国王带着他的随从打完猎骑马返回。他的目光落在了布兰奇的身上，在他看来布兰奇是那么美丽，在思念了她一整个晚上之后，国王决定娶她为妻。因此第二天他骑马回到了农场，布兰奇很乐意地答应了做他的新娘。

在婚礼后不久，布兰奇对妹妹弗米莉说："我真不希望你一直就仅仅只是一个农场的女主人，来宫中，让我们的母亲照看农舍就好了，我会让你嫁给一个大贵族。"

知道布兰奇也是一片好意，弗米莉回答说："谢谢你，姐姐，但是我已经习惯了住在农村，我很乐意能继续留在那里。"因此她心满意足地又回到了自己安静的小农场。

在一开始的几个月，布兰奇王后沉迷于自己美丽的衣服、舞会、戏剧，别的什么都不想。但是后来这些她都习以为常了，这些不再能取悦她了，她厌倦了宫廷的华丽并且变得很不开心。宫殿里的所有女士对她都毕恭毕敬，但是她知道她们其实都不喜欢她，她们经常私下说："看这个乡下小女孩，还故意装出一副王后的优雅。国王真是品味糟糕透了，选了这样的一个妻子。"这些言语传到了国王的耳朵，他自己也开始觉得或许他娶了寡妇的女儿并不是一件明智的事。他对王后的爱越来越少，直到最后，完全忽视了她，把自己的时间都给了宫廷那些最美丽的女人。

当整个王室的人都知道国王不再爱这个年轻的王后，甚至是压根就不在意她的时候，整个王室的人都对她一点也不尊重了。可怜的布兰奇很不开心，因为她连一个可以说说苦楚的知心朋友也没有。她看到了宫廷里对朋友没有信任可言，人们对自己憎恶的人仍然装作很喜欢的样子，但每时每刻都在相互说着对方的不好。她必须要一直装作很严肃的样子，因为人们都说王后要威严和庄重。王室的医生检测她吃的每一项食物，不让她吃餐桌上其实她真正喜欢吃的东西。他们不允许在汤里放盐。尽管其实她很想散散步，他们也不让她去。总之，从早到晚她都是违背着自己的意愿在生活。她有两个孩子，但是却很少能看他们，他们由王室教师管教得并不是很好，可是王后却不能随意叫他们改正。

随着时间过去，这个不开心的王后变得越来越沮丧，直到变得几乎死于绝望和悲伤。她变得那么苍白瘦小以至于王室的人都感到很同情她。自从在婚礼后弗米莉拒绝了布兰奇到王宫生活，布兰奇就再也没见过她，因为她听说她这样身份的人要是去见农场的女主人会很有失体面。但到最后，布兰奇发现自己如此忧郁，她决定去找妹妹，在乡下和她一起过几天，散散心。她请求国王的同意，国王很乐意地答应了，因为他恨不得摆脱这个被他忽视厌倦的妻子。

在一个夏季的晚上，王后到达了弗米莉的农场，当她走近的时候，她发现一群牧羊人和牧羊女在草丛中跳舞，玩各种各样的游戏，很开心。

"哎！"可怜的布兰奇叹了一口气说道，"我什么时候能再像这些农村的家伙一样玩得这么开心，不再有人找我的茬。"然后，当她刚踏进农院的门，她的妹妹就跑出来开心地抱着她，看到弗米莉变得如此丰满标致，王后忍不住地对着幸福的妹妹流下了眼泪。

弗米莉嫁给了一位年轻的农民，他并没有什么钱，可他从来都没有忽略一个事实，那就是——他所有的一切都是因为妻子带来的，所以他只能用善良和自己的好脾气来回报妻子。弗米莉只有几个仆人，但是她们都很喜欢她，就好像她们都是弗米莉的孩子一样，因为她对她们那么好。她所有的邻居也都很爱她，而且每个人都好像急于向弗米莉表达她们对她的爱。她没什么钱，但事实上她也不怎么需要钱，因为她从自己的土地上可以收大量的玉米和橄榄油。她的山羊和母牛给她提供了充足的奶，她可以用这些做奶油和奶酪，每天她都能收好多刚生下来的蛋。从她自己的绵羊身上得到的羊毛可以用来纺纱，然后仆人们将它织成布，她用这些布给她自己、丈夫还有两个孩子做衣服。他们都很健康，到了晚上，工作的时间都结束了，他们就一起做游戏娱乐，仆人和邻居都会来参加这些游戏。

当听到看到这些事情之后，王后长叹：“哎！仙女给了我一顶王冠，其实是不幸的礼物。幸福并不存在于宫廷的那些娱乐之中，而是在农村的这些健康愉快的生活之中！”

当她刚说完这些话之后，仙女突然出现在姐妹们的面前。“让你成为王后，其实并不是对你的一种恩赐，而是对你的一种惩罚”，仙女对布兰奇说，“因为你在给我李子的时候嘟囔了几句。要想获得快乐，你必须向你妹妹一样——只拥有那些自己需要的，不要再期望得到更多别的东西。”

可怜的布兰奇哭道："哦，夫人，对于我的不善良您已经给了足够的惩罚，我请求您，结束我的不幸吧！""是时候结束了，国王也不再爱你了，他抛弃你和别人结婚了，明天他的官员会过来以他的名义告诉你不需要再回到宫廷之中了。"仙女说道。

正如仙女所预言的那样，布兰奇剩下的日子都是和妹妹在一起平静而快乐地度过的。她再也没回想过做王后的那些日子，除了感激仙女给她的教训，仙女也将她带回了原来的平静乡村，在这里，生活变得简单，再也不需要像在宫廷里一样计较、争斗。

# 沉睡塔

从前，有个诚实善良的人，名字叫作艾马。他的妻子去世了，所以和自己的老母亲还有唯一的女儿住在一起。小女孩是艾马和奶奶的心头肉，都特别疼爱她。他们给她起名叫贝拉—甜橙，因为她就像甜橙一样可爱、甜美。

随着时间的推移，贝拉—甜橙长得一比一天漂亮，也变得越来越聪明。一家人生活得非常惬意，满足。但是，

一天，有一位穿着非常优雅的女人偶然来家里拜访艾马。她和艾马两个人单独留在屋子里，还锁上了房门。过了好长时间，他们还没出来，奶奶和贝拉有点不安，终于，老太太等不及了，用备用钥匙打开了房门，走进去，惊讶地发现里面既没有他的儿子，也没有那位陌生人。“到底发生了什么？”老太太心想，她十分确信他们不可能在自己不知情的情况下离开这间屋子和这所房子。虽然窗子是开着的，但是这个房间在房子的顶楼，所以，她肯定艾马和那位客人不可能是从窗子离开的。她们搜遍了房子的每个角落，也向家里的佣人打听过了，但是没有人看到艾马或那个女人。

天黑了，接着一晚上过去了，慢慢地第二天也过去了，但是艾马还是没有回来。老太太和小贝拉别提有多着急了。

就这样，好几天过去了。一天早晨，当奶奶和贝拉一甜橙在一条小溪旁哭泣时，奶奶大声喊道：“就算是花光所有的钱，我也要找出我儿子在哪！”一条正在小溪里游来游去的鲤鱼突然探出了头，对奶奶说：“好心的老婆婆，我不要你的钱，但是你必须郑重地发誓，以后你还有你的家人不再吃鲤鱼，然后我就告诉你你的儿子出了什么事。”

奶奶和贝拉—甜橙高兴地答应下来。鲤鱼继续说道：“你的儿子长得非常英俊且仍旧年轻力壮。一个名叫露丝的邪恶仙女爱上了他。所以她去了你们家里，请求他娶她为妻。但是你的儿子轻蔑地拒绝了他，所以仙女就从窗户把他带了出去，乘坐她的由两条飞龙拉的战车飞走了。”

“邪恶的仙女把他带到哪里去了啊？”老奶奶焦急地问。

“她的城堡里，把他当作囚犯一样关了起来。”

“我现在就要去那儿——”

“慢着！”鲤鱼吼叫道，“没人能接近那座城堡，除了贝拉—甜橙和仙女露丝。露丝也知道贝拉能接近城堡，所以在贝拉去那儿的路上布下了各种各样的困难，如果贝拉有勇气前去救自己的爸爸，那么她将遇到各种困难。首先，艾马被关在沉睡塔中，之所以叫作沉睡塔，是因为任何想要接近它的人，一看到那座塔就会入睡；如果贝拉—甜橙想要到达沉睡塔，就必须要保持绝对清醒。仙女露丝的城堡在迷雾谷底，离这里大概有十公里。我已经把所知道的统统都告诉你们了，祝你们好运！”

说完这些话，小鲤鱼翻身一跃又钻入了小溪里，消失不见了。

奶奶听到儿子在恶毒的仙女手里，感到很害怕。但是贝拉—甜橙知道只有自己能够救爸爸出来感到很骄傲，决定马上出发去救他。奶奶劝贝拉—甜橙放弃这个想法，她不敢想象既失去了儿子，又失去了孙女会是多么可怕。但是她说这些都是徒劳的，贝拉—甜橙下定决心一定要去。她安慰了奶奶，并许诺每天日落之前都会回家，详细地告诉她都发生了什么。

贝拉拿了一支手杖就出发了，她每遇到一个人就问他去迷雾谷的路怎么走，但是每个人都说："小姑娘，不要去那儿！"

终于，一位农民老伯伯告诉了她该怎么去。她沿着一条通向迷雾谷的大道一直向前走。刚过中午的时候，她碰到一位老婆婆，背着一捆很重的木头，颤颤巍巍地走着。贝拉—甜橙心地很善良，非常同情老婆婆，就对她说："老婆婆，你背的东西实在太重了，你的小屋离这远吗？"

"不远，挺近的，"老婆婆回答说，"如果你能帮我分担一点，我会非常感激的。"

贝拉—甜橙背了一半的木头，到了小屋后，贝拉筋疲力尽，就坐下来问老婆婆要一杯水喝。"好的，没问题，"老婆婆说，"请跟我来。"她把贝拉带到了后面另一个房间，突然，小屋和老婆婆都不见了，贝拉—甜橙发现自己在一个富丽堂皇的房子内，到处都是名贵的家具，四周挂满了巨大的镜子。然后，出现了一个年轻人，对她说："美丽的少女，请原谅我用诡计把你骗到了这里。我是一个精灵，很久之前就爱上了你，我恳求你嫁给我！"

贝拉—甜橙听到这些话，非常吃惊，回答说，现在她唯一的想法就是救出自己的爸爸。精灵告诉她那是不可能的事情。接着精灵给她端上了一份美味的饭菜。但黄昏的时候，她没忘记要在日落前回到家的诺言，所以恳求精灵同意自己离开。但是精灵想要阻止贝拉离开，贝拉越来越觉得恐慌，大声喊道："噢，爸爸，爸爸，我可怜的爸爸！"

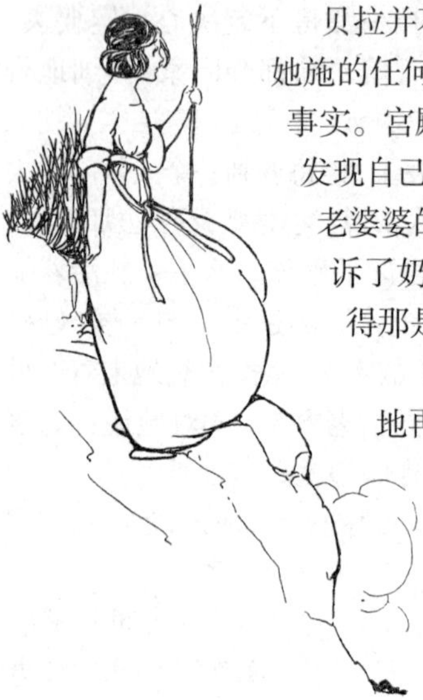

贝拉并不知道每当呼喊爸爸三次，对她施的任何魔咒都会消失，但是这却是事实。宫殿和精灵消失了，贝拉—甜橙发现自己还在第一次遇见那位奸诈的老婆婆的地方。她匆忙赶回了家，告诉了奶奶自己的经历，两个人都觉得那是露丝仙女的诡计。

第二天贝拉—甜橙毅然决然地再次出发了。中午之前，她到达了迷雾谷。迷雾谷中布满了厚厚的雾，她连自己的手都不看到。这是仙女的另一个计谋，想要阻止她认出关押爸爸的沉睡塔。虽然她看不到，但是不一会儿她就感应到了魔法之塔的存在。好几个鲁莽靠近它的人都打着哈欠，揉着眼睛，接着便倒头睡了起来。

“这样绝不行，”她在心中暗暗地想，“如果我像这些人那样睡着了，我就永远都见不到爸爸了。我现在要回家去，想一想明天来的时候怎么才能保持清醒，让自己不睡着。”所以她回到了家，奶奶看到她安全的回来非常高兴。

第二天早晨，贝拉—甜橙在裙子上和鞋子上缝了好多小铃铛，想着铃铛的声音可能会防止她入睡。她手里还拿了两个木的拍板，可以互相敲打发出声音，带上这些装备后，她就再次向迷雾谷出发了。遇见她的人都觉得惊奇，大声喊：“快过来看看这个小摇铃人！”

当走进山谷的时候，她拍响手上的木拍板，木拍板的声音和身上的铃铛声一直让她保持清醒。所以最后，她到达了沉睡塔下。她看见自己的爸爸在塔顶一间水晶建成的小屋里。贝拉还看到露丝仙女走进房屋，要给艾马珠宝和其他宝物，但是他轻蔑地拒绝了。然后，仙女走到窗户旁，告诉艾马他的女儿正在下面看着，威胁要杀了她。艾马走到窗户旁给贝拉做手势让她马上离开。天也慢慢暗下来，所以贝拉对着爸爸飞吻许多次告别了。贝拉回到了家，奶奶听说自己的儿子还活着，高兴得差点哭出来。

第四天，在去沉睡塔的路上，又发生了一件惊险的事情。贝拉—甜橙看到一个和自己一般大的可爱男孩，正在一口深井旁玩耍。突然一不小心，他失足掉了下去。贝拉—甜橙迅速将一只绑着绳索的大水桶放了下去，幸运的是，她将男孩安然无恙地拉了上来。男孩诚挚地向贝拉道谢，告诉她自己的名字叫作蒂格·达穆尔(意为“爱之枝”)，并恳求她和他一起去见见他的母亲。还告诉贝拉说他的母亲是个仙女，肯定会好好酬谢他的救命恩人。

贝拉—甜橙不想要任何回报，但是她挺喜欢这个帅气的男孩，就高兴地和他一起回了家。他们来到一座漂亮的房子前，遇到了一位超级漂亮的女人。她亲吻了小女孩，说：“我知道你是谁，我还知道，将你的爸爸救出来最能证明我的感激之情，但遗憾的是，这超出了我的能力范围。如果我干预露丝仙女的事情，将会招来其他所有仙女的愤怒。但是，我可以让你和高尚的艾马说上话。”

“啊，夫人，”贝拉—甜橙急切地说，“如果你能将我变成一只小鸟，我就能飞过窗户和爸爸说话了。”

仙女就把她变成了一只小燕子，并答应她，在她回来的时候再把她变回原来的样子。小燕子立刻飞到了水晶屋矮小的窗户旁，叫道：“爸爸，爸爸！”

“谁在叫我？”

“一只小燕子，但我是你的女儿。”

“哎呀，残忍的仙女已经把你变成了一只鸟！”

“不是的，爸爸，是我的一个朋友帮我变成了燕子，这样我才能过来找你。”

艾马迫不及待地跑到窗户边，亲吻了漂亮的小家伙。然后他们聊了好长时间，日落的时候，贝拉—甜橙回到了善良的仙女那里，又变回了原来的模样，赶回了家里，给奶奶讲了所有的故事。

就这样，贝拉—甜橙每天都去看望爸爸，每次到好心的仙女那里，将自己变成一只小燕子，回来后，再变成人形。但是，一天，她和爸爸聊天聊得很投入，没有发现露丝仙女走了进来。仙女大吼道：“呵，呵，漂亮的小摇铃人，你变成了一只鸟儿来欺骗我。你的死期到了。”她抓起一把

石子扔向了可怜的小鸟儿，小鸟惊慌失措地飞走了。

艾马抓着露丝的胳膊，乞求她放过自己的孩子，但是恼羞成怒的仙女并没有听，放出一条飞龙在后面追赶可怜的小家伙。那只十分可怕的怪物追上了贝拉，似乎没什么能够救她了。就在这时，她大喊道："爸爸，爸爸，救救我，亲爱的爸爸！"

因为这句话，魔咒再次消失了，飞龙奄奄一息地躺在地上。残忍的仙女急忙取出一把枪，瞄准了正在树上躲避的小燕子。但是勇敢的小燕子俯身飞下去，用嘴巴捡起一颗很重的石头，然后飞到塔顶，将石头扔了下去，砸碎了玻璃墙。

立即，整个魔咒被摧毁了，善良的仙女，就是蒂格·达穆尔的妈妈，乘坐自己的黄金战车飞了过来，将艾马带到了自己的家里。小燕子尽可能快地跟在战车后面，飞了回去。只留下恶毒的仙女慢慢修复自己的玻璃塔。

贝拉—甜橙又变回了原来的样子。蒂格·达穆尔高兴地迎接艾马和贝拉—甜橙回到了这里，像对待贵宾一样热情地招待他们，而他的母亲乘坐战车去了仙女的议会，向她们诉说贝拉对抗露丝的原因。同时，蒂格·达穆尔派了一名信使，带着一头骆驼去接奶奶。再次和自己的孩子团聚，奶奶高兴地哭了起来。

两天后，善良的仙女回来了。“比我想象中的要成功多了，”她说，“我向仙女议会申诉说，我们拥有魔法是要为人类做好事，而不是要折磨人类。而且我向她们展示了露丝是如何冷酷无情地惩罚一位年轻的姑娘，仅仅因为她对父亲的爱。我讲了贝拉—甜橙所有的冒险经历、她的耐心、她的忠诚和因为寻找父亲所遭受的危险，你们得到了所有仙女的同情。仙女露丝受到了公正的指责；而且，艾马，我给你带回了美德面具。如果你的敌人再次伤害你，就带上这个面具，她马上就会逃走了。因为邪恶最怕的就是坚定不移的善良。”

“你们现在回家吧，我真希望有一天我的儿子能够迎娶这位甜美真诚的女孩。”

# 芬内特·桑德龙

曾经有一位国王和一位王后，由于他们不会治理国家，最终被邻国一位强大的君主赶出了自己的国家。他们不得不逐渐变卖自己的王冠、珠宝，然后是华丽的衣服和家具，最后，几乎变卖了所有的东西。于是，国王对王后说："我们被驱逐出了自己的国家，现在也没剩下什么东西了；我们必须找些事情做，来养活自己和我们可怜的孩子们。想想我们都能做什么，我只干过国王这个工作。"

王后想了一会儿说:“我们用不着悲伤。你只要做网捕鸟和鱼就行了,如果网线磨烂了,我就再结条新的网。至于我们的女儿,她们都是懒惰的女孩,认为自己还是贵族小姐,什么都不想做,只想像现在这样继续生活。我们必须把她们送到足够远的地方,这样她们就回不来了,因为我们永远不可能像养活我们自己一样养活她们。”

善良的父亲哭了起来,但是王后已经下定决心,他不得不同意她的提议,明天一早就把三个女儿送走。芬内特公主是他们最小的女儿,在他们谈话的时候,她贴在锁眼上偷听到了谈话的内容。芬内特决定立刻去找她的教母——玛露池仙女,她住在离这里很远的一个山洞里。

芬内特带了些新鲜的黄油、鸡蛋、牛奶和面粉,准备为她的教母做一个可口的蛋糕来讨她欢心。她精神饱满地出发了,但是路途实在是太远了,她慢慢地感到很累,鞋底都快磨破了,最后她实在太累了,坐在草地上哭了起来。过了一会儿,一匹备有鞍辔的漂亮的马儿走过了,看到芬内特后就停了下来。“漂亮的小家伙,”她抓住缰绳对马儿说,“你带我去我的教母玛露池仙女,好吗?我实在太累了,一点都走不动了,你如果可以带我去的话,我会非常感激你的。”马儿把腿弯得很低,芬内特就跳上了马背。马儿带着她飞奔而去,在洞穴入口停了下来,就好像他知道自己应该去哪儿一样。其实,他确实知道,因为正是玛露池仙女派这匹英勇的骏马去接芬内特的。

芬内特看到仙女后,向她深深鞠了三个躬,说:“日安,教母,你还好吗?我带了一些黄油、牛奶、面粉和鸡蛋,给你做美味的蛋糕。”

“快进来，芬内特，”仙女和蔼地说，并亲吻了她。“我的孩子，”仙女继续说，“你带了什么，我知道得很清楚。也知道你偷听到了国王和王后商量着要摆脱你们。不过你会躲过这场灾难的。好吧，你只需要带着这团线；它永远都不会断的。把一头系在你房间的门上，另一头拿在手里。当王后把你送走的时候，你跟着线走，很容易就能找到回来的路。”

教母又给了芬内特一包金银绣花的华丽衣服。芬内特谢过教母后，就骑上教母漂亮的马儿回去了。几分钟工夫，马儿就把她带回了家。芬内特悄悄地走了进去，把装有衣服的包藏在了枕头下面，像什么都没发生过一样上床睡觉了。

天亮了，国王叫醒了王后。王后马上起床，把她的三个女儿叫到了身边。大女儿叫作芙勒·阿穆尔（意为“爱之花”），二女儿叫作贝拉·纽特（意为“夜之美人”），三女儿叫作法恩·奥瑞拉（意为“灵敏的耳朵”），但是别人总是叫她芬内特。两个年龄大的女儿因自己的美貌而自负，并且既残忍又懒惰。“我一直在想，”王后说，“我应该去瞧一瞧我的姐姐，她会好好款待我们的。”三姐妹都说很想一起去。所以，国王自己留了下来，王后和三个女儿出发了。她们走了很远，芬内特害怕线不够长，但实际上它完全够长。在王后认为三个女儿不可能认得回去的路后，就把她们带进了一片树林里。她让三姐妹躺下休息，自己看守着她们。过了会儿，她觉得她们都已经睡着了，就赶快离开，回了家。

芬内特虽然闭着眼，但是却很清醒。“如果我是个本质很坏的女孩，”她想，“我应该独自回家，留姐姐们在这等死。因为她们总是很残忍地打我，抓我。可是我不会抛下她们的。”所以，她把她们俩叫醒了，告诉了她们整件事情。两个姐姐开始啜泣，并许诺，只要芬内特领她们回去，就把她们所有的饰品和珠宝给她。“我很清楚你们根本不会给我的，”芬内特说，“但是我还是会帮你们。”她站起来，给她们看了那条线。跟着这条线，她们很容易就找到了回家的路，所以她们差不多和王后一起到的家。

回到自己房间后，两个大女儿偷听到国王说：“我真希望你能把芬内特带回来；这样尽管没有了另外两个女儿，我也还有点安慰。那两个女儿不爱任何事情，任何人，只爱她们自己。”芙勒·阿穆尔和贝拉·纽特听到这些话后非常生气，决定惩罚芬内特，因为她是父亲最喜爱的女儿。王后再次看到自己的女儿后非常吃惊，但还是装作很高兴的样子，为她们做了晚餐，哄她们上床睡觉。“姐姐们，现在，”芬内特说，“把你们许诺的礼物都给我吧。”

“这就是我们给你的。”愤怒的公主们尖声叫道，并且一把抓住她们的妹妹，

一直把她打到青一块紫一块。然后就去睡觉了，但是可怜的芬内特却睡不着。她偷听到王后对国王说："我会沿着另一个方向，把她们带到更远的地方。我可以肯定她们永远都回不来。"

芬内特听到王后这个计划后，就立刻起床再次去拜访她的教母。她带了两只母鸡和两只小兔子作为礼物出发了。芬内特没走多远就看到那匹同样的骏马赶了上来。她骑上这匹马，很快就到了教母那里。

她把礼物拿给仙女教母，请求她再帮自己一次。玛露池让她高兴一点，并给了她一个装满灰尘的袋子。"带着这个，"仙女说，"一边走一边撒在地上。这样你就会踩着灰尘走，当你想返回的时候，只需要找到自己的脚印就可以了。但是，不要把你的姐姐们带回来了，她们太歹毒了。如果你不听我的话，我就再也不帮你了。"

除了一袋尘土，仙女还给了芬内特一个小盒子，里面装有一千多颗钻石。芬内特拿着这两样东西回家了。

第二天早上，王后让三个女儿和她一起去采草药。她们几个出发了，但是芬内特一直走在最后面，一边走一边撒那包尘土。黄昏的时候，三位公主实在太累了，躺下很快就睡着了，王后就趁机溜走，赶回了家。

天亮了，芬内特叫醒了她的两个姐姐，当她们俩发现自己又一次被抛弃后，痛哭起来。芬内特是世界上最善良的女孩，她再次同情起她的姐姐们，而且，不顾教母的命令，又一次帮她们找到了回家的路。

国王和王后非常困惑，下一天夜里又想了一个新的计划来摆脱他们的孩子。芬内特又一次偷听到了他们的谈话内容,跑去告诉了两个姐姐。“唉,”她说,“我们死定了。母后决定带我们到某个荒无人烟的地方,然后把我们留在那里。我已经冒犯了我的教母,不敢再去向她寻求帮助了。”她们沉默了一会儿,然后贝拉·纽特说:“玛露池仙女又不是这世上唯一的聪明人。我们可以随身带足够多的豌豆,一边走,一边随手撒在路边,这样我们就一定能找到回来的路。”

芙勒·阿穆尔认为这个计划很不错,所以她们俩都在口袋里装满了豌豆。但是芬内特没有装豌豆,而是带上了那袋漂亮的衣服和那盒钻石。王后叫她们的时候,她们都已经准备好了。

这次,王后走得更远了,在一天深夜,她扔下了女儿们,自己回家了。尽管很累,但是终于摆脱了她们,她很高兴。

公主们到第二天早上很晚才醒来。芬内特这次最担心，因为她不能依靠教母的帮助了，而且对她姐姐们的聪明程度也没多少信心。果然，当她们试图找回去的路时却没发现任何标记。原来，这个国家有大群的鸽子，它们吃掉了所有的豌豆。

公主们漫无目的地游荡，既悲伤又恐惧。整整两天时间，她们没吃一点儿东西。终于，芬内特发现一颗橡果，另外两个公主都抢着要吃。“一颗橡果不够我们三个分，”芬内特说，“我们把它种下去，也许能长出一棵树供我们用。这个国家里连一棵橡树都没有。”她们都赞同芬内特的想法。幸运的是，她们最终找到了些白菜和生菜，吃了一段时间。

她们就睡在户外，每天早上和晚上，轮流给橡果浇水，并且嘴里说着：“快长吧，快长吧，大橡子！”然后橡子就快速地生长起来。当这棵树长得稍微大点的时候，芙勒·阿穆尔想要爬上去，但是树还是不够强壮，承受不了她的重量。贝拉·纽特也没有爬上去。芬内特稍微轻一点，爬了上去，她们两个问她："你看到什么了吗，妹妹？"

"没有，什么也没看到。"她回答说。

"看来橡树还是不够高。"芙勒·阿穆尔说，她们就继续给橡树浇水。

芬内特每天都会爬上去两次。一天早上，芬内特爬上橡树后，她的姐姐们发现了她的那包漂亮的裙子和那箱钻石。"我们把她的钻石拿走吧，"贝拉·纽特兴奋地说，"然后放进去些小石头。"她们说完就照做了。芬内特一心只想着那棵橡树，她没有注意到自己的东西不见了。而那颗橡树也长成至今为止最好的橡树了。

一天，芬内特爬上了一枝很高的树杈后，她大声呼喊道："我看到一所特别漂亮的大房子，我都不知道该怎么形容了；翡翠和红宝石做成的墙壁，钻石做成的屋顶，房子表面布满了金铃铛。"另外两位公主也都爬了上去，对看到的景象惊叹不已，所以决定到那里看一看。"或许，"她们说，"我们能在那里找到几位英俊，并且很乐意娶我们的王子。"整个晚上，她们都在谈论她们的计划。芬内特睡下后，她们两个就起床了，穿上从芬内特那里偷来的那些用金丝银线做成的漂亮礼服，并用那些钻石装饰了自己。

芬内特不知道自己的姐姐们已经把自己的东西都拿走了，起床后就去找自己的包，当看到只剩下些鹅卵石，什么都没有了的时候，她十分难过。然后，她看到她的姐姐们正穿着自己的裙子，就斥责她们，但是她们却取笑她。

"这些裙子是我的，"可怜的芬内特反驳说，"是我教母给我的，不是你们的。"

"如果你再敢说一个字，"她们说，"我们就杀了你，把你埋在这儿,没有人会知道的。”

芬内特不敢再招惹她残忍的姐姐们了,乖乖地跟在她们后面,就像她们的仆人一样。

那所房子越来越近,也就显得越来越吸引人。“我们将和国王一起用餐,”大姐说,“但是芬内特必须在厨房洗盘子,因为她看起来就像洗碗女佣。我们得小心点,不要说她是我们的妹妹。”既聪明又漂亮的芬内特却受到这样的虐待,她感到非常伤心。

她们敲了敲门,一个大概有十五英尺高的极其丑陋的老妖婆为她们打开了门。这个老妖婆只有一只眼睛,嘴巴奇大无比,吓坏了她们三个。

“可怜的女孩们,”她说,“谁带你们来这儿的?这是食人怪的城堡,你们三个勉强够他的早餐。我比我的丈夫要善良些,不会一下把你们三个都吃掉的。”说着,她就用她两条巨大的手臂抓起了她们,把她们扔进了黑暗的地窖里。接着,她去取油和醋,想把她们做成沙拉。但是,她突然听到了食人怪的脚步声。想到公主们那么白那么美味,就打算独吞,所以她急忙把她们藏在厨房的一个大水缸下面。

食人怪的身高是他妻

子的六倍，比他的妻子还要丑得多，他一说话，整个房子都在颤抖。公主们从水缸的一个小洞向外看，被眼前的景象吓得浑身发抖。她们不敢叫出声来，只敢小声地说："他会把我们都活活吞掉的，怎么才能逃出去呢？"

食人怪一走进厨房，就对他的妻子说："我闻到了鲜肉的味道，给我拿来点。"

"只是几只绵羊，它们刚刚从这里经过。"女食人怪说。

"我不会弄错的，"食人怪大喊道，"我闻到的肯定是新鲜的人肉，如果我发现你背着我藏了什么东西，我就把你的头拧下来。"

女食人怪感到很害怕，就回答说："不要生气，亲爱的，我这就告诉你实话。今天有三个年轻的女孩来到了这儿，但是把她们吃掉有点儿可惜，因为她们会做所有的事情。我已经老了，想要休息休息。我们漂亮的房子有点脏了，我们的面包烤得很难吃，汤也没有味道。我可以让这些小姑娘做我们的仆人，所以先不要吃他们，好吗？如果你哪天想吃了，她们永远都是你的。"

食人怪非常不愿意答应不马上吃掉这些女孩。但是争执了一段时间后，他还是答应先留她们一段时间。女食人怪心里暗暗想道："我丈夫出去猎食的时候，我就把她们吃掉，然后告诉他，她们逃跑了。"

公主们被带到食人怪面前时吓得魂飞魄散，小脸都发白了。食人怪问她们都会做什么。她们回答说，自己很会扫地，缝补和纺纱，也会做最可口的蛋糕和馅饼。食人怪非常饿，想让她们马上就去做饭。"但是，"他转向芬内特说，"生着火之后，你怎么知道烤箱是不是足够热了呢？”

“我的主人，”她回答说，“我会扔进去一些黄油，然后用舌头尝一下。”

“非常好”他说，“去把火生起来吧。”

芬内特把火生得很大，就像一个大火炉，然后把一大块黄油扔进了烤箱里，对站在一旁的食人怪说，

“应该用舌头尝一下的，但是我太矮了，够不着。”

“我可以够得着。”食人怪说，然后就弯下腰，把整个身体伸进了烤箱里面。因为伸进去的太深，就出不来了。所以食人怪被烧成了灰烬。女食人怪来到烤箱跟前，很吃惊地发现，她的丈夫变成了小山一样的一堆灰烬。

三位公主安慰她说，她可以很容易找到一位国王或者侯爵嫁给他。芬内特补充说——

“我们给你梳洗打扮吧，这样你看起来会很美的。”

“太好了，”女食人怪说，“你们打扮吧，但是如果我发现有任何女人比我漂亮，我就把你们剁碎做成馅饼。”

于是三个公主就取下她的帽子，一边和她说话，一边为她梳头发、卷头发。然后，芬内特拿了一柄斧头，从后面用力一砍，女食人怪的头就掉了下来。公主们非常高兴，急忙一点一点地打探这所富丽堂皇，到处都是财宝的房子。两个姐姐睡在了挂着锦缎的床上，对对方说：“我们现在比父亲做国王的时候还要富裕，但是没有人知道食人怪夫妇已经死了，所以没人来这里。我们必须要穿着华丽的衣服到附近的镇子上炫耀自己，这样很快就能找到乐意娶我们的诚实商人了。”

第二天早上，芙勒·阿穆尔和贝拉·纽特打扮好之后，

就出门了，但是她们却让芬内特留下来打扫房子。“我非常不开心，”可怜的女孩哭着说，“如果我没有违背教母的话，现在我什么麻烦也不会有的！”

两个姐姐到很晚才回来，显得很兴奋。

“我们去了一场盛大的舞会，”她们说，“国王的儿子也在那儿，我们都十分仰慕他。”

这样如此，两个残忍的姐姐每天都会去尽情地享受，让芬内特做所有的家务却没有任何回报。

一天晚上，芬内特正坐在炉火旁，她发现烟囱的裂缝里有一把小钥匙，很老旧还生锈了，特别难清洗。她小心翼翼清洗干净后，发现竟是把金钥匙。然后她就从阁楼到地窖一间一间房子地找，终于找到了可以插进去这把钥匙的小箱子。令她高兴的是，箱子里装满了漂亮的裙子、珠宝和精美的细麻布。有了这些上好的东西，她很快打扮好自己，赶去姐姐们跳舞的舞会。在入口处，侍从问她叫什么，想到自己在厨房里不起眼的工作，她回答说“桑德龙”（也就是“灰姑娘”）。她看起来那么的迷人，舞跳得那么优雅，在场所有的人都为她倾倒——即使是没有认出她来的姐姐们也不例外。在舞会结束前，芬内特急急忙忙跑回去，换上了那身破烂的衣服。

“这次的舞会是最愉快的一次，”两个姐姐一进门就大声地说，“那儿有最漂亮的公主，她对我们说话时特别优雅。”

芬内特什么都没有说，第二天，她穿上另一件精致的礼服，又一次去了舞会。就这样，芬内特每天都会穿不同的礼服去舞会。因为这个箱子是施了魔法的箱子，所以，拿出去的礼服越多，里面剩的就越多。

一天晚上，芬内特跳得比平时晚了一些，就焦急地往回赶，想在她姐姐之前到家。由于走得过快，就弄丢了一只镶着珍珠的红色天鹅绒鞋子。第二天，国王的大儿子——谢利王子在外出打猎的时候碰巧发现了这只鞋子。他捡了起来，亲吻了这只鞋子，并发誓他一定要娶能穿上这只鞋子的女人。国王非常吃惊，但他还是宣告让这个王国里所有的女士都到王宫里试穿这只鞋子，能穿上的人将成为王子的新娘。这是只仙女舞鞋，只有本来的拥有者才能穿上。但是没有人知道这一点，所以成群结队的女士，不论是年轻的还是年长的，都来试试运气。

一天，芙勒·阿穆尔和贝拉·纽特盛装打扮了一番，告诉芬内特留下来看房子，她们要去王宫去试穿王子发现的一只舞鞋。她们一走，芬内特就穿上了一件纯白缎子礼服，上面点缀着钻石星星。但她不知道怎么去王宫所在的城市，因此很为难。但是，她刚走到门口，就看见了那匹载着她去教母家的骏马。她骑上后，这匹马就伴随着鞍上金色铃铛的声音疾驰起来。那两个恶毒姐姐正走在泥泞的小路上，听到铃铛的声音就向四周张望，令她们吃惊的是，她们看到一位美丽的小姐，既像芬内特又像桑德龙公主。她们对她大声叫喊，想引起她的注意，但是芬内特很快就从她们身边骑过去了，而她们的礼服和脸却被马蹄溅上了泥巴。

她们感到既生气又失望，然后就接着赶路了。她们刚到达王宫就看到她们的妹妹穿上了那只舞鞋，而且又拿出另一只穿了上去。

国王和王后恳请芬内特同意立刻嫁给王子。“不，”她说，“我必须先告诉你们我的故事。”当他们听说她是位公主的时候，喜出望外。接着，芬内特发现，原来就是他们征服了自己父母的王国。她公然宣告，只有他们归还她父亲原有的一切，她才同意嫁给王子。对于这一要求他们很乐意地答应了。

然后，芬内特看到了自己的姐姐们。她并没有像她们应得的那样惩罚她们，而是亲吻了她们，并对王后说："夫人，这两位是我挚爱的姐姐。我请求你也能爱她们。"王后答应将她们送回她们父母的王国。听到这些话，姐姐们在善良的妹妹面前跪了下来，乞求她的原谅。

接着，芬内特给她的教母写了一封信，并连同大量的礼物让英勇的骏马送了过去。玛露池仙女马上去了芬内特父母那里，告诉了他们芬内特的好运气，并告诉他们多亏了芬内特，他们重新拿回了自己的王国。被赶出来的国王和王后，连同自己的两个大女儿，高兴地赶回了自己原来的王国。不久这两位公主也都嫁给了两位富裕的贵族。

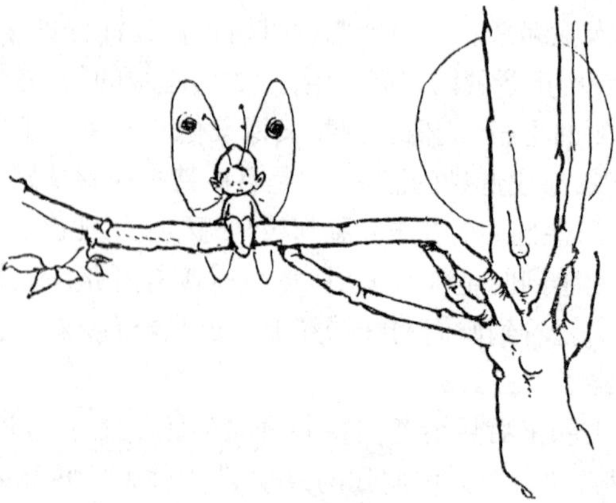

# 聪明的公主

在第一次十字军东征的时候，欧洲的一位国王下定决心要参加反抗撒拉逊人的战争。在他去打这场战争之前，他把国家治理得井井有条并任命了一位非常能干的大臣摄政以保证可以后顾无忧。可是关于家人们所受的照料，国王非常不安。因为他的王后在不久之前死去了，留给了他三个女儿，三个女儿都已经到了适婚的年龄。最大的公主昵称叫作朵纳，因为她整天都很懒。二女儿叫普瑞提纳，之所以取这个名字是因为它的发音和空谈者是谐音的，她的话很多。第三个女儿叫费利塔，因为她总是敏感而又谨慎。

从来没有人像朵纳一样的懒，她每天都是到下午一点钟才起床，穿戴也不整洁，常常连穿的鞋子都左右不一样。午餐吃过之后，她就会坐着休息直到晚上吃饭。她总是到后半夜才睡觉，因为她脱个衣服要花很久。普瑞提纳的生活就完全不一样了，她每天充满能量，积极参加活动，很少把时间放在吃饭或者打扮上面。但是她真的是很健谈，每天只要一睁开眼睛，她就开始一直不停地讲话，直到夜里睡觉。她并不介意说话的对象是谁，仆人、商人，或者是朋友，都可以，对她来说只要她可以说长道短，跟谁说其实都是一样的。和朵纳相似的是，她也从来不读书，不工作，也

不关心国家大事。总之，这俩姐妹是活得庸庸碌碌，既不动手，也不动脑。

最小的公主就是截然不同的性格了。她唱歌、跳舞都堪称完美，各种缝纫刺绣她都可以做，她把王室家务料理得很好，从来没有人可以欺瞒她。她的感觉和判断是如此的敏锐，以至于国王经常会同她商议一些国家大事，而小公主的建议通常都是很好的。于是比起其他两个女儿，国王更疼爱小公主，如果她是他唯一的孩子，他在出发打仗之前一定不会有任何担心和不安。可是他是如此的担心两个大女儿，所以他做了接下来这些措施。

在那些古老的时代，仙女还是有很强的魔力的，其中有一个就是国王的朋友，因此国王就前去咨询仙女有没有好的建议。

"也不是说我的两个大女儿是做了有违职责的事情，只是因为她们很无知，又很冲动，生活又懒散，所以我担心在我离开的这段时间，她们会做一些蠢事。我对费利塔并没有什么可担心的，但是我必须要公平对待她们，这样她们之间才不会有嫉妒。因此，聪明的仙女，我想让您赐我三个女儿一人一个玻璃的卷线棒，只要她们中的谁做了什么不明智的事情，卷线棒就会破碎。”

仙女立刻就给了国王他所要的带有魔力的卷线棒。但是对这一措施，国王还不是十分满意。他在一个偏僻无人的地方建造了一个塔。他告诉女儿们在他离开的期间，她们要住在这座塔里面。并且命令她们不管是什么情况都不能让别人进来。然后他把三个卷线棒给了三个女儿，并告诉了她们这些卷线棒所具有的魔力。他打发走了仆人，锁上了塔的门，带着钥匙，踏上了征程。

也许你会担心公主们无法忍受饥饿，但这完全没必要。因为塔的一个窗户被安装上了滑轮，滑轮连着一根绳子，绳子上系了一个篮子，每天公主们将篮子放下。一些生活用品就被仆人放进篮子里，篮子既容易放下，也容易拉上来。

朵纳和普瑞提纳对于她们必须在塔里过这样的生活感到绝望。大公主讨厌自己还要动手做饭收拾家务，二公主也感到生气愤怒，因为除了自己的两个姐妹，没有可以说话的人了，但是她们还必须要有耐心，因为她们知道只要稍微做点儿错事，自己的卷线棒就会碎。至于费利塔，她从来不会生气，她的纺锤、针线、音乐，都让她每天很充实。除此之外，每天篮子里都会有信，信里会告诉公主王国和其他地方每天都发生了什么事。费利塔每次都迫不及待地读每一封信，但是她的两个姐姐却一点也不感兴趣，只会抱怨她们的不幸。她们大部分的时间都是在塔的窗户旁边度过的，至少这样她们可以看到国家周围都来来回回了哪些人。

有一天，正当费利塔在自己的房间里刺绣的时候，她的两个姐姐看到了塔底下有一个衣衫褴褛的老妇人。她眼里含着泪水，低声倾诉着自己不幸的命运，她乞求公主让她进去塔里面，她说她可以做各种家务活，会成为一名忠实的仆人。一开始，这对姐妹还在犹豫要不要违反父亲的旨意，朵纳厌倦了自己要在这无尽地等下去，普瑞提纳如此渴望能有一个人可以说话，于是她们决定让这个陌生的老妇人进来。

“你认为国王的旨意包括这个可怜的老妇人吗？”普瑞提纳问道。“做你想做的事情吧，我的妹妹。”朵纳回答道。

然后普瑞提纳立刻将篮子放下去，这个可怜的老妇人坐进了篮子里，公主们用滑轮将她拉了上来。当费利塔进到房间里的时候，惊讶地发现竟然有一个陌生人。她觉得姐姐们做了一件冲动的事情，但是她也知道要阻止已经来不及了。然后这个老妇人就假借着做家务的由头，在这个城堡里到处走来走去，其实她是在企图找一些关于公主们的住处的秘密。

现在，我必须告诉你们了，这个老妇人其实是邻国一个国王的大儿子。他是如此恶毒和狡黠，他的国家的人们都说他为人很奸诈，简称瑞奇考夫特。他的小弟弟，却是个品德良好的人，正如大王子很坏一样。他的弟弟长得比他还要英俊，举止比他还要优雅，叫作比海卫，意思是“英俊谦恭”。尽管这俩兄弟在性格上很大的不同，他们之间的关系却非常的好，很多人都很奇怪这是为什么。

瑞奇考夫特曾经想要打败公主们的父王，但最终却被费利塔的智慧化解了。从此，他就伺机想要报复，现在他听说了国王将公主们安置在这样一个地方，又采取了一些措施，这个王子就决定找机会进入到塔里，试图让公主们将自己的卷线棒打碎，这样就会惹怒国王。

这个易了装的老妇人到来的第一天晚上，费利塔和普瑞提纳各自回到了自己的房间，只有朵纳还坐在餐桌旁边，她不喜欢迫使自己做什么事情，瑞奇考夫特进来了，脱下自己身上穿的破烂的衣服，换上了镶满金银珠宝的衣服。邪恶的王子立马跪在了朵纳的脚下并说自己曾在国王的宫殿里看到她的画像，被她的美貌和魅力深深吸引了，他决定一定要找到她并且说服她和他一起远走高飞。在他的王国里，他们会结婚，而她也将不需要在这个令人抑郁的城堡里生活了。在这里，他看到她自己做家务，享受不了荣华富贵就会觉得特别难过。

朵纳清楚地知道不应该听这个陌生人的吹捧。但是她懒得去争辩，想和这个王子一起走。他们走到窗户旁边，准备坐在篮子里下去，突然一声巨响，环顾四周，才发现原来是公主的卷线棒碎了。一切都太迟了，朵纳看到了自己是多么的愚蠢。她哭着跑回了自己的房间。

瑞奇考夫特对自己的诡计成功感到很满意，并且认为在另外两位公主身上也可以轻易取胜。他在城堡周围徘徊，很快就听到了普瑞提纳的声音，她总是不可能保持安静很久。瑞奇考夫特透过门孔，看见她在对着镜子中的自己说话。他立刻隔着门和她对话。就像是对朵纳说的一样，他告诉她自己是怎样看到她的画像的，又是怎样深深地爱上她的，普瑞提纳轻易地就被说服了开了门，并且和王子聊了起来。王子请求她和他一起远走高飞，立刻去他父亲的王国，在那儿举行他们的婚礼。他说这样一个任何事情都能说得流利顺畅的年轻而又可爱的公主，却被关在这种阴暗的囚牢里没人可以讲话，太遗憾了。然后他带着她到了窗户旁边，劝服她走进篮子里以便于他能将她放下去。就在那时，一声巨响，普瑞提纳发现她的卷线棒碎了一地。

想到自己父亲将会怎样的生气，普瑞提纳吓得赶紧跑开了，离开了这个邪恶的王子的视线。瑞奇考夫特沉浸在自己成功的喜悦之中。他决定用同样的方法也戏弄一下小公主。他找遍了所有的房间，最后发现有一扇门是从里面反锁的，他断定那就是小公主的房间。因此他敲门并恳请费利塔出来和他聊聊，并声称自己是她父亲的同盟军、好朋友。费利塔回答说不管他是谁，都和这座城堡没有任何关系，他可以去外面的花园，她可以透过窗户和他聊天。她其实并没有打算相信这个陌生人，正在想怎样才能摆脱他，突然看到了她的玻璃卷线棒，它扭曲着并指向房间地板的某个方向。走近一看，费利塔发现有一个活板门，将它抬起来，她发现有一个很深的洞一直通向城堡的地牢。她将活门板又重新关上，但并没有将门闩闩上。于是她走到

窗户旁边对瑞奇考夫特说:“我改变主意了,我觉得和我父亲的好朋友通过窗户说话是非常不礼貌的。我请求你能够重新进到城堡里来,我会让你进我的房间。”

王子迅速跑上楼梯,并冲进了费利塔的房间,但是当他刚踩到活门板上就掉了下去,他摔得鼻青脸肿,一整晚只能在地牢潮湿的地板上很难受地躺着。

当天空破晓时,透过墙角的一大排水孔,他看到有光照射进来。洞刚够他爬出去,他发现这些排水是流到离城堡不远的一条小河里。他的境遇自然是糟糕透顶,被一些渔民救了送到了他父亲的宫殿。在那里,他又花费了几天的时间去想一个周密的计划和聪明的公主一比高低。最终，他制定出了一个非常狡猾的方案。

他移植了一些长满果实的树，种在很大的盆里，然后将它们放在塔的窗户下。朵纳和普瑞提纳总喜欢站在窗户旁边，所以第二天很快就看到了这些果实，但是她们很贪婪却又很懒，于是她们就叫费利塔下去摘一些上来。费利塔很是犹豫，可是她一向对姐姐们的话都很顺从，所以她就下楼并摘了一些果子上来，两个姐姐贪婪地吃起来。第二天，又出现了别的品种的果子，这对于两个大公主来说又是新的诱惑了，她们又叫费利塔下去摘一些上来给她们吃，但是这一次瑞奇考夫特的藏在附近的仆人们一下子冲了出来，将费利塔抓起来并带走了。俩姐妹既悲伤又沮丧。

瑞奇考夫特的仆人们将费利塔带到了一座高山的山顶上，邪恶的王子就在那儿瞪着她，他告诉她说她已经注定要死了，只有这样才能为他自己受的伤报仇。他给费利塔看了一个里面满是尖刀的桶，并且告诉她说为了使她受到她应有的惩罚，他会将她装在桶里，从山上滚到下面的山谷里。

年轻的公主并没有被眼前所被安排的命运给吓倒，瑞奇考夫特对公

主的无畏感到很生气，于是想立刻就杀死公主。他弯下腰检查了桶里的尖刀是否够多、够锋利。突然，费利塔猛推了他一把，他整个人跌进了桶里，顺着山的一侧滚了下去。然后她飞也似的跑掉了，王子的仆人们看到他们的主人对这个迷人的小公主所做的一切，所以就没怎么追小公主，让她逃脱了。此时他们才开始跑下山去救王子，王子虽然没有死，但受了重伤。

这桩发生在瑞奇考夫特的身上的灾难给他的父亲和弟弟比海卫王子带来了深深的悲伤。但这个国家的人民听到这件事之后并不在意，因为他们憎恶瑞奇考夫特王子，并且对于英俊潇洒的小王子居然会那么爱戴他那并不值得爱的哥哥感到很惊讶。

这个国家所有有名气的医师都被请来了，但是他们没人能救瑞奇考夫特，相反，他的伤日益严重起来，想要恢复似乎没有希望了。

费利塔在逃离了危险之后，安全地回到了她和姐姐们住的地方，然后她们在一起静静地过了些时日等待着国王的归来。她们知道国王看到两个女儿的纺线棒都被打碎了之后会有多么的生气，但是也无法做些什么来补救两个大公主所犯的错误。

与此同时，瑞奇考夫特伤势一天比一天严重，但是他仍然想要向费利塔报仇，为此他叫来自己的弟弟比海卫并对他说："弟弟，我就要死了，我知道你是有多么爱我，因此我请求你不要拒绝我这最后一个请求。"比海卫发誓说他保证完成任何哥哥所交代的事情。这个邪恶的王子拥抱了自己的弟弟并说："只要你能为我报仇，我死而无憾了。我请求你立刻向费利塔公主求婚，一旦她在你的掌握之中，你就要用你的剑刺穿她的心脏。”

邪恶的瑞奇考夫特用尽了最后一口气，比海卫对于哥哥要求他做的事情感到十分的恐惧，可是又不敢不遵守诺言。

费利塔很快就知道了瑞奇考夫特的死讯，在三个公主知道消息后不久，国王也踏上了返乡的征程。他迫不及待地来到塔里的城堡并要求看每个人的卷线棒。朵纳立刻跑回房间，拿出了费利塔的卷线棒，给国王看完之后，做了一个屈膝礼，将卷线棒放回了原来的地方。普瑞提纳也拿着相同的卷线棒出来了，最后费利塔出来时也带的是同一

根卷线棒。

但国王是一个非常多疑的人，于是叫三个女儿一起将卷线棒拿出来。但是除了费利塔，没人能拿得出来纺线棒。国王对两个大女儿的行为大发雷霆，并立刻派人将她们送到了仙女那里去，希望她能对朵纳和普瑞提纳所做的错事实施惩罚并收留她们，直到她们死去。仙女严肃地告诉两个公主说正是由于她们的懒散和不听话，她们才会遭到这么多的不幸，并说："为了防止你们继续懒散，我将给你们布置充足的任务去做。"因此，开始的时候，仙女将她们派到花园里去采豌豆锄草；在房子里的时候，让她们做最累的活儿。朵纳对这一切必须要做的事情，对这悲惨的生活感到绝望，最后她因苦恼和劳累而死去。普瑞提纳最后从仙女的城堡逃了出来，因为害怕再次回到父亲的宫殿，她化妆成为一名农妇，住在了农村，嫁给了一个聋子。她很满意这样的生活，因为她可以从早到晚地讲话，不需要等待任何回应。

好心的费利塔因失去姐姐们而悲伤不已，但是最麻烦的事情是她听说比海卫王子已经征得她的父亲的同意要娶她，因为在那时候，结婚这样的事儿是不需要征求姑娘本人的意见的。费利塔对此感到很恐惧，因为她担心那么痛恨她的瑞奇考夫特说服了自己的弟弟为了实现某种邪恶的念头而向她求婚。为了解决自己的困惑，她去向聪明的仙女寻求帮助，仙女是那么疼爱小公主，就像是她那么憎恶朵纳和普瑞提纳一样。

仙女并没有向普利塔透露任何事，只是告诉她说："小公主，你很聪明，也很谨慎。继续你的聪明和谨慎，直到你能证明某些人是好人，否则永远也不要相信他们。记住这一点，你将不需要我的任何帮助。"因为不能再得到更多的建议，费利塔带着巨大的困惑又回到了王宫。

过了一些日子之后，比海卫派来了使者将小公主接到了自己的王国，亲自从遥远的边境过来见她。他身边所有人对即将结婚小王子的悲伤忧郁感到很是不解，特别是当他们看到了年轻美貌的小公主之后。

现在，尽管费利塔对英俊而忧郁的小王子印象很好，她决定遵从仙女的建议，在没有证据证明他是好人之前不能相信他。所以那天晚上，她做了一个稻草人，将它穿上自己的衣服放在床上，而小公主本人躲在屋子的帘子后面。刚做完这一切，小王子就手里拿着剑冲进来了，将剑刺在了"稻草人"的身上，他以为那就是公主。然后，他认为自己因履行对哥哥的承诺杀死公主，也应受到应有的惩罚，他想将剑刺入自己的胸膛，费利塔迅速从帘子后面窜出来并大喊道："王子，我并没有死！你善良的本质让我相信你一定会对自己的行为感到后悔的，所以我做了一次善意的欺骗，就是为了阻止你犯下最可怕的罪行。"

然后她就告诉了比海卫她的深谋远虑以及稻草人的事情，王子对公主的聪慧感到很震惊，对于她阻止自己做一件令自己恐惧而后悔的错事而感到十分感激。他现在才意识到自己是多么的无能，因为一直都没能识破哥哥想要他承诺的事情是多么的邪恶。

现在，困扰着费利塔公主和比海卫王子的事情都结束了，他们现在相互信任，一起过着幸福快乐的日子。这样的幸福是我用笔所无法描述出来的。

# The Good Little Mouse

Long ago there lived a King and Queen who loved one another very dearly, and never were any two people more gay and happy than they; and their subjects followed their example, and were as merry as the day is long. So it will not surprise you to hear that their kingdom was called the Land of Joy.

Now, King Joyful had a neighbour who differed from him in every way. This other monarch was most malicious and cruel and delighted to imprison and torture his subjects, so that his realm was called the Land of Tears, and all hated and feared him. He was a widower with an only son, who, like his father, was very hideous to behold.

The report of King Joyful's happiness reached the wicked King, whose name was Ironheart. Filled with envy, he made up his mind to gather together a great army and invade his neighbour's land. He summoned all the able-bodied men of his kingdom, had heavy cannons made, and, when all his preparations were complete, he marched into King Joyful's country. The good King had only a small army and a poor supply of weapons, but he mustered his men and went boldly to meet the foe. The Queen implored him to flee with her to the other end of their kingdom, but the King answered, "Dear as you are to me, I would rather die than be a coward," and bidding her a tender farewell he rode away.

When he was lost to sight the poor young Queen began to weep and said, "If my husband is killed, I shall be a widow and a prisoner, and our cruel enemy will do me all the harm he can. And if I should have a child, he may injure it as well."

She could neither eat nor sleep, and day after day she sat at her window waiting anxiously for news. One morning she saw a messenger riding towards her at full speed. "Quick! quick! your news!" she cried.

"Alas! madam," was the answer. "The battle is lost, our Royal master is slain, and the enemy is coming here."

At these cruel tidings the Queen fell down in a swoon, and her attendants bore her to her room, and laid her on her bed. There they stood around her lamenting; it was indeed a pitiful sight.

Suddenly they heard the tramp of armed men, and Ironheart and his soldiers forced their way into the palace. The ruthless King went straight to the Queen's room and began to question her as to where she had hidden her husband's crown and treasure. She would not answer; so, growing angry, the savage conqueror seized her by her lovely hair; twisted it three times round his arm, flung her over his shoulder and carried her away on his great black horse to his own land.

Then it occurred to him that if the Queen had a daughter, he might wed her to his son when she grew up, so he sent for a fairy whom he knew. He received her more hospitably than was his usual custom with his visitors, and took her up into a tower, where the captive Queen was lying on a hard mattress placed on the stone floor.

The fairy was touched at the sight and whispered in the Queen's ear, "Take courage, madam; your sorrows will not last for ever. I hope to be of service of you." The Queen would have answered, but King Ironheart broke in fiercely, "Don't talk so much; I only brought you here to tell me whether this slave will have a child, and, if so, whether it will be a boy or a girl."

"A girl," answered the fairy, "and she will be both beautiful and wise."

"If she is not," said the cruel King, "I will hang both her and her mother on a tree, and no one shall prevent me."

With this threat he went away, taking the fairy with him.

"Alas!" said the poor prisoner amid her tears, "what can I do? If I have a pretty little girl she is to be the bride of a hateful Prince, and if she is ugly we are both to be hanged. What an unhappy lot is mine!"

As time went on the Queen grew more and more anxious, and, to add to her misery, the gaoler who guarded her gave her for her daily food nothing but three peas cooked in water and a small piece of black bread, so that she grew very thin.

One evening while she was spinning for King Ironheart, who made her toil for him, she saw a little mouse come out of a hole by the fireplace.

"Run away, little one," she cried; "I have only three peas for myself, so I cannot spare any for you." But the pretty creature ran about and was so amusing and friendly, that the Queen gave it her only remaining pea. As soon as she had done this, she saw on her table a partridge, beautifully cooked, which she ate and enjoyed.

Next morning early, the gaoler brought the Queen's three peas, which he put in a large dish just to mock her. The little mouse came quickly out of its hole and ate them all up, and the bread as well. The Queen was angry at this, but when she went again to the dish it was full of good things to eat.

As she was eating she thought, "If I have a child, is there no way for me to save it?" Looking round she saw the mouse dragging about some long pieces of straw and she picked them up, saying, "If I can find straw enough, I will make a basket to put my baby in, and I will give her through the window to the first kind person who will take care of her." So she set to work at once.

One day when she was looking out of the window, she saw a little old woman, who said, "I know your trouble, fair Queen, and if you like I will help you."

"Indeed," said the Queen, "you will do me a great service if you come here every evening. If I should have a child, it will be in great peril. I will let it down to you, and if you will bear it away and take good care of it for me, I will pay you well if I am ever rich again."

"I am not fond of money," answered the old woman, "but I like good things to eat, and there is nothing I enjoy so much as a fine plump mouse. If you find one, kill it and give it to me, and then I will look after your child well."

The Queen began to weep and said, "Only one mouse comes into my room, and it is so pretty and affectionate I cannot kill it." The old woman seemed annoyed at this reply, and went away muttering to herself.

Although the Queen found the peas gone and a nice meal prepared for her, and the little mouse capered about her, she sat and lamented all the evening. That very night a little Princess was born, a lovely child, who smiled at her mother and held out her little hands to her. The Queen put her into the basket and fastened to her clothes a label on which was written—

*This unhappy little girl is called Joliette.*

Then she kissed the child and cried bitterly over her, not knowing what she should do next. Just then the mouse appeared.

"Ah, little creature," said the Queen, "it has cost me much to save your life. Any one else would have killed you and given you to that greedy old woman."

"Do not regret what you have done," replied the mouse, and, before the Queen had recovered from her terror at hearing the tiny creature speak, it suddenly changed into the fairy who had foretold that her child would be a girl.

"I wished to put you to the test," said the fairy. "When you loved me in the shape of a little mouse, I knew you to be unselfish. Then I put you to a still harder test — it was I who stood beneath your window and asked for the mouse, and, even then, you were true to me."

Then she kissed the little Princess three times and said, "You shall be a comfort to your mother and shall live for a hundred years, ever beautiful and never look old nor wrinkled."

The Queen thanked her and begged her to take charge of the child. The fairy willingly promised to do so, and then let the baby down from the window in the basket. But she stopped for an instant to change herself into the mouse, and when she went down by the rope the child was nowhere to be found. She ran up to the Queen again in dismay. "All is lost," she said. "My enemy, the cruel fairy Cancaline, has carried off the Princess. Being older than I, she has more power, and I know not how to get Joliette out of her clutches."

As the fairy Mouse and the Queen lamented together, King Ironheart came to fetch the baby Princess. The mother told him that some fairy had taken her away by force. "Then I shall hang *you*," shrieked the angry king, and he dragged the poor Queen out of the tower into a neighbouring wood and was just going to carry out his evil purposes, when the good fairy thrust him aside so violently that he fell down, breaking all his front teeth; then she carried the Queen off to her own abode. There the poor mother was treated with the greatest kindness by the fairy mouse, who did her best to recover the little Princess, but it was impossible to find out where Cancaline had hidden her.

Time went on and softened the Queen's great sorrow. Fifteen years had passed, when a rumour spread that the King's son was about to marry his turkey-keeper, though the girl herself was reluctant. It seemed surprising that a turkey-keeper should refuse such a fine offer, and the fairy, changing herself into a mouse, went to see the girl for herself. She found her poorly dressed in coarse linen, and with a kerchief bound round her head. Beautiful dresses and jewels were lying on the ground, but the girl would not touch them. The King's son who was ugly, deformed and lame, was imploring her to marry him.

"I will not marry you," said she proudly, "you are as hideous and cruel as your father. Leave me in peace with my turkeys, whom I like better than anything you can offer me."

When the Prince had gone, the fairy took the form of an old peasant woman and said, "Good-day, my dear; what fine turkeys you have!"

The young girl smiled sweetly and replied, "I am asked to leave them for a paltry crown. What would you advise me to do?"

"A crown is a fine thing," said the fairy; "you do not know the value of it."

"Oh yes, I do," replied the girl, "and I refuse it. But I do not know who I am, or where my father and mother are. I have neither relations nor friends."

"You have beauty and goodness, my child," said the wise fairy, "and these are better than ten kingdoms. But tell me, I beg you, who brought you here, since you have no one belonging to you?"

"A fairy named Cancaline is the cause of my being here. She used to beat and ill-treat me, so I ran away from her till I came to a wood. This hateful Prince met me there and asked me to take care of his turkeys. He came often to see them, and now, quite against my will, he has fallen so very much in love with me, that he will not leave me alone."

On hearing this story the fairy eagerly asked the girl's name. "My name is Joliette," she said. Then the fairy knew she must be the lost Princess and kissed her most lovingly, saying, "Joliette, I knew you long ago, and I am glad you are so good and sensible, but I wish you were cleaner. Take some of these pretty clothes and put them on."

Joliette obediently cast aside her rags, bathed herself in a stream and arrayed herself in one of the fine gowns; then, taking the kerchief from off her head, she shook down her long hair, which was as fair as sunlight and fine as golden thread.

The fairy then hastened back to tell the Queen her good news, and they determined to return on the morrow to fetch Joliette. But in the meantime King Ironheart, enraged at the turkey-girl's refusal of his son, locked her up in a dungeon so dark that not a ray of sunlight penetrated therein; and there she was to stay till she consented to marry her hideous wooer.

Just then the good fairy arrived in her magic car with the Queen; but when they learned of the new trouble which had befallen Joliette, her mother was much distressed. The fairy bade her not despair, and that same night turned herself into a mouse again and hid beneath the King's pillow. Then she bit the King's face, and, while he was looking for her, she did the same thing to his son. Both rushed from their rooms with drawn swords, and, blind with pain and rage, fought together till they fell dead.

The fairy then sought the Queen, and together they hastened to Joliette's prison. Great was the delight of the Queen at finding her daughter at last, alive and well, and the kind fairy mouse rejoiced with her.

Then, leading the way to the great hall of the dead Ironheart's castle, the fairy proclaimed to the subjects of that wicked King that she wished to give to them for a Queen the daughter of King Joyful, whose rule would surely be a most happy one.

"Yes, yes, she shall be our Queen," all the people cried gladly; and they rejoiced still more when the fairy added, "And I will teach Joliette how to change this Land of Tears into another Land of Joy."

# Graciosa and Percinet

Many years ago there lived a King and Queen who had an only daughter, of so sweet a disposition and altogether so charming that she was known by the name of Graciosa. Her mother was devoted to this her one child, and gave her a new dress for a present every day. But though the Princess was always beautifully dressed, she was not in the least vain or proud. She used to spend her mornings in study and in the afternoons she would sit by the Queen's side, working at her embroidery.

Graciosa was loved by everybody, with one solitary exception, so that she was thought to be the most fortunate and happiest Princess in the world. This one exception was a rich old Duchess named Grognon, who was hideous to behold. She had but one eye; her hair was of a fiery red and her mouth the largest ever seen; moreover she was lame, and had one shoulder much higher than the other. She envied and hated the lovely Princess, and even left the Royal court to avoid hearing Graciosa praised. She took up her abode in her own castle, which was not far away from the Royal palace, and when any one who paid her a visit happened to say anything in praise of the Princess, the Duchess would scream out in a rage, "It is false! It is false! She is not charming! I have more beauty in my little finger than she has in her whole body!"

Now it happened that the Queen fell ill and died. Princess Graciosa lamented bitterly the loss of so good a mother, and the King mourned deeply for his dear wife. For nearly a year he refused to stir from his palace, till at length the court physicians grew alarmed for his Majesty's health and insisted that he should take some recreation.

So one day the King was persuaded to go hunting, and on his return from the chase the heat was so great that he stopped at a large castle, which he saw nearby, to obtain some rest and refreshment. This castle was the one in which the Duchess Grognon dwelt, and as soon as she heard of the King's arrival she hastened to receive him, and informed him that the coolest place in her mansion was a large, clean, vaulted cellar into which she begged that he would descend. The King followed her, and on entering the cellar saw hundreds of barrels placed in rows one above the other.

"Do you keep such a large stock of wine for yourself?" he asked the Duchess, smiling.

"Yes, Sire," she replied, "for myself alone, but I shall be delighted if you will do me the honour to taste my wines. Which kind do you prefer?"

"I consider that champagne is the finest wine," said the

King.

Grognon immediately took a small hammer and tapped one of the casks three times, and out fell a shower of silver money.

"What does this mean?" she exclaimed, and passing on to the next cask, she struck that and out there rolled more than a bushel of gold coins.

"I don't understand this at all!" cried the cunning old woman, and on she went to another barrel, which she tapped in its turn. This time so many pearls and diamonds ran out that the floor was strewn with them.

"I cannot understand this, Sire," cried Grognon. "Somebody must have stolen my good wine and put these trifles in its place."

"Trifles," echoed the King in astonishment; "do you call these trifles, madam? There is enough treasure here to buy a whole kingdom."

"Well," said the Duchess, "know that every one of these barrels is filled with gold and jewels, and they shall all be yours provided you will marry me."

"I desire nothing better, and will marry you tomorrow if you like," said the King, who loved money beyond anything.

"Agreed," said the Duchess, "but I must make one condition—I must have the same power over your daughter as her mother had. She must obey me implicitly, and you are to leave her entirely to my charge."

"By all means," said the King, "there is my hand on it."

Grognon placed her hand in his, and as they left the treasure chamber gave him the key of it. The King then returned in great good humour to the Royal palace, and as he arrived there Graciosa ran out to meet him and asked him if he had had good sport.

"I have caught a dove alive," was the reply.

"Give it to me, father," cried the Princess, "and I will make a pet of it."

"I cannot do that," said the King, "for, to speak more plainly, I have asked the Duchess Grognon to be my wife."

"How can you call her a dove?" exclaimed Graciosa; "she is more like a screech-owl!"

"Hold your tongue," said the King angrily; "I insist that you shall love and respect her as if she were your own mother. Now go and put on your finest gown and come back with me to meet her."

The Princess, who was very obedient, went to her room to dress. Her old nurse, seeing the tears in her eyes, asked, "Why are you crying, my child?"

"Alas!" answered Graciosa, "my father intends to give to me for a step-mother the Duchess Grognon. How can I feel friendly towards one who is my bitterest enemy, and who would gladly see me dead!"

"A Princess," said the wise old nurse, "should set an example to all others, and what finer example can there be than to obey your father, and sacrifice yourself to please him."

The Princess found it difficult to make up her mind to this, but the faithful nurse reasoned with her so wisely, that at last she promised to put a good face on the matter and at least be polite to her step-mother. Then she attired herself in a gown of green and gold brocade, with her long fair hair falling upon her shoulders as was the fashion in those days; and on her head was a wreath of roses and jasmine with leaves made of large emeralds. Thus arrayed she looked as lovely as a fairy, though she could not hide some traces of the sadness that was in her heart.

But let us go back to Grognon. The ugly creature was greatly concerned about her appearance. She had one shoe made much higher than the other so that she might seem less lame, and to hide her malformed shoulder she had her bodice stuffed high on the other side. She put in the best glass eye that could be procured, painted her face white, and dyed her hair black. Then she put on a robe of violet satin lined with blue, opening over a yellow petticoat trimmed with green ribbons. She meant to make her entrance into the capital on horseback, for she had heard that the Queens of Spain always did so.

While waiting for the King to set out to meet his bride, Graciosa went by herself through the palace gardens and into a dark wood, where she sat down upon the grass and began to weep bitterly, until her eyes became so red that she felt she would be ashamed to return to the palace. Suddenly she saw approaching her a gallant page, dressed in green satin with a plume of white feathers in his cap. His countenance was the handsomest that she had ever seen. Kneeling before the weeping girl, he said, "Princess, the King awaits you."

Graciosa was greatly taken with the appearance of the youthful page, and asked him, "How long have you been in the King's service?"

"I am no page of his, madam," answered the youth; "I am yours and yours only."

"Mine!" she cried in surprise; "but I do not know you!"

"Ah Princess," he replied, "I have not dared until now to make myself known to you, but the misfortunes which threaten you from the King's marriage force me to speak sooner than I otherwise would have done. I had intended to wait and serve you, before declaring my love."

"What! A page!" cried the Princess. "A page has the audacity to say he loves me! This is indeed the hardest blow of all!"

"Fear not, fair Graciosa," he answered; "I am Percinet, a Prince as nobly born as yourself, and it was your beauty and goodness alone that made me feel unworthy of you. I have loved you long, and have often been near you without your knowing it. The fairy gift of invisibility that I received at my birth has been of great service in permitting me to see you. I shall bear you company today in this dress, and I hope I may be of use to you." As he spoke, Graciosa gazed at him in astonishment. "It is you, Percinet, whom I so longed to see because of the wonderful things that are told of you. I shall no longer fear the wicked Grognon, if you will watch over my safety."

Graciosa then hastened back to the palace, where she found a beautiful horse standing ready saddled before the gates. She mounted it, and, as the steed was very spirited, the page led it by the bridle, and while he walked he kept gazing at the fair face of the Princess.

The trappings of the noble steed blazed with jewels, so that the horse chosen for Grognon looked poor and mean in comparison. The King, who had many other things to see after, took no notice, but none of his attendants could take their eyes off Graciosa and her page in green, who was handsomer than all the other court pages put together. They met Grognon on the road in an open carriage, looking more ugly and misshapen than any old gipsy. The King and Princess greeted her and her horse was led forward, but on seeing the one that was ridden by Graciosa she exclaimed, "Why should that creature have a finer horse than I? I would rather not be a Queen at all and go back to my own castle than be treated like this!"

The King at once commanded Graciosa to dismount and beg Grognon to do her the honour of riding on her horse. The Princess obeyed at once, but Grognon did not even thank her. Eight noblemen held the Duchess in case she should fall, and still she grumbled. "I want the page in green to lead my horse," said she, and the King ordered the page to do so. Percinet looked at the Princess, but she said nothing and he obeyed the King's command. The whole court then set out to the sound of drums and trumpets, and Grognon was greatly delighted; for all her ugliness she would not have changed places with Graciosa, even to gain good looks thereby.

But suddenly the splendid steed began to rear and kick, and to gallop so fast that no one could stop him. Grognon fell from the saddle, but her foot caught in the stirrup and she was dragged for some way over stones and thorns into a heap of mud. When the rest came up to her, she was in a sorry plight with her head cut, her fine clothes all muddied, and one arm broken. She was carried to the town and put to bed, and the best doctors were summoned, but ill as she was she never ceased scolding. "Graciosa played me this trick," said she; "I am certain she only took that beautiful but vicious horse to make me jealous, and that it might kill me. If the King does not right my wrongs I shall go back to my own castle and never see him again."

The King was told of Grognon's rage, and he was so greedy that the mere thought of losing the thousand barrels of gold and diamonds was sufficient to drive him to anything. So he hastened to the invalid and declared that she had only to name the punishment Graciosa deserved, and it should be inflicted on the Princess. Grognon said she was satisfied and sent for Graciosa.

At the summons the Princess turned pale and looked round for Percinet to help her, but he did not appear, so she went in fear and trembling to Grognon's room. Scarcely had she entered it, when four women, ugly as witches, threw themselves on her at their mistress's command, and stripped off all her fine clothes. When her shoulders were bare, even these cruel women were dazzled by their whiteness and hesitated to hurt such an innocent creature; but the pitiless Grognon called out from her bed, "Whip that girl for me, till there is not an inch left of that white skin which she thinks so beautiful." Each of the women held in her hand a bunch of birchen twigs, and they beat her without mercy; and at every blow Grognon called out, "Harder! Harder! You are too gentle with her!"

You would suppose the poor Princess must have been terribly hurt, yet it was not so at all, for the gallant Percinet had bewitched the eyes of the Duchess and her women, so that what they took for birch rods were only bunches of coloured feathers. Graciosa saw this at once and lost all her fears; and she said under her breath, "How noble of you, Percinet, to come to my aid! What should I have done without you?"

At last the women became so tired out that they could not move their arms any longer, so they huddled the Princess into her clothes and pushed her out of the room. She went back to her own chamber and, pretending to be very ill, went to bed, giving orders that no one should stay with her but her old nurse, to whom she told the whole story. She then went to sleep, and when she awoke she saw Prince Percinet standing before her in his green dress and his white plume, looking the most gallant of pages. Percinet advised the Princess to continue her pretence of being ill because of the cruel treatment she was supposed to have received; she did so, and this so delighted the harsh Gro gnon that she got well all the sooner, and her marriage with the King was celebrated with great splendour.

Not long after the wedding the King, who knew that his wife liked to be called beautiful better than anything else, gave a tournament, at which he ordered six of the bravest knights in his court to proclaim that Queen Grognon was the fairest lady alive, and to maintain this against any comers that should deny it. The Queen was seated in a grand balcony hung with cloth of gold, and was vain enough to think that every one was gazing at her, whereas it was the beauty of Princess Graciosa, who stood modestly behind the Queen, which attracted every eye.

For a long time no one appeared to challenge the new Queen's champions, but at last a young knight rode into the lists carrying a small casket encrusted with diamonds. He declared that Grognon was the ugliest of all women, and that the most beautiful was she whose portrait was in the casket. Thereupon he fought with each of the six knights and unhorsed them every one; then he opened the jewelled box and said that to console them he would permit them to look on the beautiful portrait. All the knights instantly recognised it to be that of Graciosa, and when they cried out her name, the Princess was sure that the unknown victor was Percinet. But the knight made a low bow and rode away without declaring his name or rank.

The wicked Queen was beside herself with rage, and, having devised a cruel fate for the Princess, waited impatiently for the coming of darkness. As soon as it was evening she ordered her travelling carriage to be made ready. Graciosa was forced into it and was driven to a great forest a hundred leagues distant, through which no one dared to pass, for it was full of lions and tigers, bears and wolves. In vain the poor maiden implored the attendants to kill her at once, rather than leave her in that dreadful place. The Queen's orders must be obeyed; no answer was given to the poor girl's entreaty, but the servants remounted and rode away. In solitude and darkness Graciosa groped her way through the forest, sometimes bruising herself against a tree, sometimes tearing her clothes and wounding herself against the bushes and briars. At last, overcome with fear and grief, she sank to the ground, sobbing out, "Percinet, Percinet, have you forsaken me?"

As she spoke a most wonderful thing happened—the

whole dense forest was lit with rays of light, and at the end of a long avenue appeared a palace of crystal, shining like the sun. She knew it was the doing of the fairy Prince who protected her, and her joy was mingled with fear of his magic power. She turned to flee, but saw the Prince standing before her, more handsome and charming than ever.

"Princess," said he, "why are you afraid of me? This is the palace of the fairy Queen, my mother, and the Princesses, my sisters, who will take care of you and love you dearly. Enter my chariot and I will take you there."

Graciosa stepped into a little gilded sledge drawn by two stags, and they passed swiftly through the forest, which was now as light as day and peopled by shepherds and shepherdesses gaily dressed, who were dancing to the music of flutes and pipes. Soon they reached the palace, where the Queen and two of her daughters, who were all very lovely, received the Princess with the greatest kindness and led her into a noble hall whose walls were of rock crystal. Here, to her amazement, she saw sculptured on the walls the story of her own life, even to her drive with the Prince in the forest.

"How is it, Prince," said she, "that you have thus recorded every action of my life?"

"It is because I wish nothing to be lost that relates in any way to you, my Princess," he answered.

Graciosa spent eight days in the fairy palace—days full of every enjoyment; and Percinet tried all the arguments he could think of to induce her to marry him and remain there for the rest of her life. But Graciosa would not consent, for she remembered her father, who had once been so kind to her, and she thought it right that she should suffer rather than fail in her duty to him. Moreover, in spite of his kindness and devotion, she still was somewhat afraid of Percinet's magic powers; so she besought him to send her home again as soon as possible, and in the meantime to let her know what was passing at Grognon's court. "Come with me," he said, "to the great tower and you shall see for yourself." Thereupon he took her to the summit of a very lofty tower made of rock crystal and bade her put her little finger to his lips and to look towards the town. Then she saw, as in a picture, the King and Grognon sitting on their thrones. Grognon was saying, "The unfortunate Princess has hanged herself in a cave. To spare your feelings I have given orders for her to be buried at once?" Then the Queen had a log of wood dressed up in the Princess's clothes, and put into a coffin, and there was a great and solemn funeral. Every one in the kingdom lamented Graciosa's death, and the King himself was unable to eat or sleep and wept bitterly.

Graciosa, seeing her father so much grieved, said to Percinet, "My poor father believes me dead; if you love me take me back to him." The Prince consented, though much against his will, saying that she was as cruel to him as Grognon was to her. They entered his chariot and were driven rapidly away. As they went out of the palace gates they heard a great noise, and, looking behind her, she saw the whole building falling to pieces.

"What is this?" she cried, terrified.

"Princess," answered Percinet, "my palace is dead and gone, and you will enter it no more till after your burial."

"You are angry with me," said Graciosa; "but, after all, am I not more to be pitied than you?"

When they reached her home Percinet and his sledge disappeared, and Graciosa went straight to her father. The King took her for a ghost, till he had the coffin dug up and the log of wood was discovered. But even then Grognon managed to persuade him that this girl was an imposter and that the real Princess was dead, so the poor weak King abandoned his daughter to her wicked stepmother's will.

The delighted Grognon caused the hapless Graciosa to be cast into a dark prison, dressed her in rags, fed her only on water and black bread, and even grudged her a bundle of straw to sleep on. Graciosa dared not call Percinet to come to her aid, for she feared she had offended him beyond forgiveness and that he loved her no longer. Meantime, Grognon sent for a friend of hers, a very malicious fairy, and said to her, "I have a wicked girl here for whom I want to find all sorts of difficult tasks, and I need your help in setting her a fresh one every day." The fairy promised to think about it, and on the next day brought a huge skein of thread so fine that it broke if you but breathed on it, and so tangled that it had neither beginning nor end. Grognon took the bundle to the Princess and said, "You are to wind this thread by sunset, and if you break a single bit you will be severely punished."

Locked in her cell, the Princess set to work on her hopeless task, but for every knot that she unravelled a hundred threads were broken, and at last she threw the whole bundle on the ground and cried in despair, "Ah, Percinet, if you have ever loved me, come to my aid or I shall die!"

Immediately the Prince stood beside her, having opened the door of her cell as easily as if he had the key. "Here I am, Princess," he said, "ever ready to serve you, even though you will not return my affection." He struck the skein three times with his wand, and the thread untangled itself and wound itself up neatly. "Do you wish anything more from me?" he asked.

"Do not reproach me, dear Percinet," she said; "I am unhappy enough already!"

"Then why will you not come with me and let us be happy together?" But she would not consent to go with him, and the Prince disappeared from her sight.

Grognon could hardly bear to wait till sunset, when she hastened to the prison door. The Princess smilingly handed her the ball of thread, beautifully wound. Grognon could not say anything except that the skein was soiled, so she boxed the Princess's ears and left her.

Greatly disappointed, Grognon went to the fairy and said, "Find me something much more difficult, so that it will be quite impossible for her to do it." The fairy went away, and next day brought a great basket full of feathers plucked from every kind of bird, and so mixed up together that the birds themselves would not have been able to distinguish them.

"Here is a task," said the fairy, "at which even one of ourselves would fail. Tell your prisoner to pick out these feathers, and to put those of each bird in a separate pile."

Grognon, overjoyed, sent at once for the Princess and ordered her to take the basket and finish the task by sunset. Graciosa took out some of the feathers but could see no difference in them, so at last she threw them all back in the basket and began to weep bitterly.

"Percinet loves me no longer," she cried; "if he cared for me he would be here already."

"And so I am, my Princess," cried a voice from under the basket, and Percinet stood before her. He tapped the basket three times with his wand and the feathers flew out by thousands and arranged themselves in little heaps all round the room. "What do I not owe to you, Percinet!" cried the delighted Princess. "Be assured of my gratitude."

When Grognon arrived she found the task done, but nevertheless beat the Princess, saying the feathers were badly arranged. The malicious fairy was disappointed but promised to try her skill once more, and, some days later, she brought a good sized box and said to Grognon, "Tell your prisoner to carry this somewhere and not to open it on the way. She will be sure to disobey, and then you can have her put to death."

Grognon took the box and ordered Graciosa to carry it to her castle and place it on a table in a certain room, and on no account to open it and look inside.

Graciosa put on her coarse woollen cloak and wooden shoes and set out for Grognon's castle, but the box was heavy and she soon grew weary, so she sat down by the edge of a wood to rest. As she held the box on her lap, she was suddenly seized with a strong desire to open it.

"What could happen to me?" she said. "I will touch nothing and take nothing out, but I must just see what is inside," and, thinking no more of the consequences, she opened it. Immediately there jumped out a whole company of tiny men and women, carrying little chairs and tables, little dishes and tiny musical instruments. The giant of the troupe was scarcely the height of a finger. They leaped about in the meadow, and while some danced and sang, others sat at the little tables and began eating and drinking.

Graciosa watched this pretty spectacle for some time, but when she tried to make the little people get into their box again, they all ran away from her and she could not catch a single one.

"Percinet, Percinet," she cried, "if you can still love a Princess who is so thoughtless, come and help me in the worst misfortune that has ever befallen me."

Again the fairy Prince appeared in his glittering dress of green (this being his lady's favourite colour) and, at the third tap of his wand, all the little people with bag and baggage jumped back into their box.

Then, in his chariot drawn by stags, he took Graciosa to the castle, where she did as her stepmother had bidden her and then returned to her prison. In a great fury, Grognon threw the box into the fire, and, giving up all hope of help from the fairy, determined herself to put an end to the Princess.

Accordingly she had a great hole dug in the garden and caused a large stone to be placed over it. Then she called the Princess and said, "There is a wondrous treasure hidden beneath this stone; lift it up and you will see."

Graciosa obeyed and, as she raised the stone, Grognon pushed her down the hole and let the stone fall again, thus burying the unfortunate Princess alive.

"You are revenged, Percinet," sobbed the unhappy Princess. "Why did I not return your love and marry you! Yet death would be easier to bear if I felt that you would mourn for me a little."

As she spoke a small door suddenly opened in the side of the pit and a gleam of light came through it. Graciosa then remembered that Percinet had said that she would never return to the fairy palace till after she was buried. So she timidly crept through the little door and, behold, she found herself in a beautiful garden full of lovely flowers and fruit trees. At the end of the garden she saw once more the fairy castle of rock crystal and there, at the gate, stood Percinet with the Queen, his mother, and the Princesses, his sisters.

The grateful Princess threw herself on her knees before them and said that if Percinet still loved her, as all his actions showed, she was glad and willing to be his bride.

The wedding feast was of unheard-of splendour, and all the fairies from a thousand leagues around attended it. Some came in chariots drawn by dragons or swans, others mounted on floating clouds or glittering globes of flame. Amongst them was the fairy who had helped Grognon to torment the Princess, and, when she discovered the truth, she begged Graciosa to forgive her and promised that she would make amends.

So without waiting for the wedding-feast, she mounted her car, which was drawn by two terrible winged serpents, and flew to Queen Grognon's palace.

Then, before the King or any one else could stop her, she came behind Grognon as she sat at table, and wrung her neck as a cook does to a fowl.

So the wicked Queen died and was quickly buried, and no one mourned in the least for the cruel and jealous woman.

# Brinborion

There once lived a little boy, who was so very tiny that when he was born he was given the name of Brinborion, which means a trifle, or something very small indeed.

Brinborion was about as high as a boot, but he made up for his lack of inches by his naughtiness, for he was as mischievous as a monkey. His parents had both died when he was very young, and he had been brought up by his godmother, the good fairy Berliquette. One day when he was twelve years old the fairy said to him. "Listen, Brinborion, I love you as if you were my own son, because you are clever, and can read, write and do sums well; but I'm afraid that your heart is not so good as your brains, although I have always told you to be kind and gentle to everybody. Do you not know it is far better to be loved than hated?"

"Now I am going to put you to the test, and if I find you deserving I will bestow many gifts on you and a rich and beautiful wife. Here is a magic wand for you. As long as you have it in your hand, all that you wish shall be carried out. And I warn you that if you wish what is good your complexion will become as fair as a rose, whereas if you use my wand to do harm to others, your face will turn as yellow as a lemon. Heed well what I say!"

"And now set out on your way, and do not hope to see me till I call you, for from today my house, fields and garden and I myself will be invisible to you. Farewell, kiss your godmother, and go!"

Brinborion took the wand and set out in a very bad temper, for he did not like his godmother making him start on a wandering life.

He had scarcely taken a few steps when his godmother's house and all the country round that he knew so well disappeared from his sight, and all his surroundings were strange to him.

"That's a fine idea of my godmother's," said he as he walked along, "to try me in this way. Does she not know that I am as gentle and amiable as a little lamb? I do not annoy my comrades it is they who are always unkind to me and put me in a bad temper."

This is the way, children, that bad-tempered people argue. They believe that every one aggravates them, whereas it is they themselves who torment others.

Night came on and Brinborion reached a farm, where a number of people were busily coming and going. There was a goodly smell of roast meat and Brinborion thought to himself, "Perhaps if I knock they will give me supper and a bed!"

So he banged hard at the door, which was opened by an

old man who said, "What do you want, my boy?"

"Can't you guess what I want?" replied the dwarf, pertly. "Seeing how late it is, what else should I want but a lodging for the night!"

"I cannot offer you one, my little man, for my daughter is going to be married, and I have so many people here as it is that I can hardly find room for them. At any other time I would gladly take you in, but now you must go elsewhere. Good-night."

The farmer shut the door, and Brinborion was so enraged at his request being refused that he shrieked out, "I wish you and your wedding were buried under the ground!"

Immediately a loud noise was heard, the earth opened and the whole farm with every one in it vanished.

Terrified at what he had done, Brinborion ran away as fast as his legs would carry him, and ran on and on till daybreak, when he found himself near the bank of a beautiful river. On the water he saw several barges, all decked with flowers and white and red flags. Into these boats people were carrying cakes, fruit and all sorts of good things. As Brinborion was looking at these preparations he saw coming along a number of men, women and children all dressed in white. This joyful procession of young people was led by an aged man, who looked a hundred years old at least, and was supported on each side by one of the younger men. Brinborion stopped one of the company and asked, "Where are you all going?"

"We are rowing to a pretty little island about a mile from here to celebrate the hundredth birthday of this old man, who is the father and grandfather of us all," replied the man.

"Do take me with you," begged the dwarf.

"Indeed we will not," said the other, "what should we do with a dwarf like you? Besides, you look ill—you are as yellow as a quince!"

It was quite true; Brinborion's face had become bright yellow since he had brought misfortune on the honest farmer and the wedding party. Stamping his feet the angry little dwarf shrieked out, "I wish you and your whole party were drowned in the river."

Instantly the barges and the whole happy company, who were now on board, were upset, and the river closed over them, while rain poured down in torrents.

Much alarmed, Brinborion took to his heels and ran away as fast as he could till he came to an old cottage, in which he hid himself. The cottage was quite bare except for a table, a chair and a looking-glass. Brinborion stood on the chair and, peeping into the glass, saw that his face had become yellower than ever; he remembered his godmother's parting words and began to weep bitterly.

"How wicked I have been," said he; "if this place were only a hermitage I would stay here all the rest of my life and repent my misdeeds!"

No sooner had he spoken than the cottage was transformed into a little chapel with beautiful coloured windows; it was adorned with statues and lit by wax candles. "This is all very well," said the dwarf, "but there is no priest; I don't want to be one—I'd rather be a cook-boy at some inn."

At once this new wish was fulfilled. The whole place changed—a cooking stove rose before Brinborion, and round him were long counters piled high with joints of meat and fish and vegetables, all uncooked. The dwarf found himself dressed in a cook's white cap and apron, and close to his hand were many saucepans and frying pans. But the lazy little fellow only stared at this new sight, and then said, "Why should I trouble myself to do any cooking when I have my magic wand? I wish a good meal were set before me ready for me to eat!"

Immediately the raw joints vanished and a little table appeared before Brinborion covered with a dainty dinner, well cooked and piping hot.

The dwarf made a good meal and then, much refreshed, set out again intending to walk through a fine cornfield which he saw close by. On his way he met a wretched beggar-woman clothed all in rags. She begged alms of him, and her misery touched the boy's heart. "Look at that magnificent country mansion yonder," said he, "and this poor woman has to beg for bread; I only wish that she had some of the abundant wealth of the owner of that house."

"What is this in my pocket?" suddenly cried out the poor woman. "Something very heavy!"

She fumbled in her tattered gown and pulled out a bag of silver and a bag of gold. "Keep them, my good woman," said Brinborion, "and may you never more be in want."

He then went on his way to the cornfield, but the owner of the house came rushing after him in a furious rage. "Some villain has stolen my treasure," he cried, "my bags of gold and silver."

"They are not stolen," replied the dwarf calmly; "they have only passed into another person's pocket."

"Little scamp," said the man, "do you know the thief? Speak, or I'll have you hanged, although you look as rosy and innocent as the flowers in my garden?"

Brinborion was delighted to find that his good action had changed the colour of his complexion, and jestingly replied, "Hang your cat instead of me!" At once he saw a cat hanging from a little gallows, mewing piteously. Her master ran at once to cut her down, and the mischievous imp went on his way laughing.

In the cornfield he saw a dozen men reaping, and going up to one of them he asked what time it was. "Look at this little freak—does he take me for a clock! He's as small as a pigmy and as yellow as a lemon," cried the labourer.

"You lie," said Brinborion, angrily, "my face is pink."

"Pink," laughed the man; "perhaps you will say that our

corn is pink, for it is exactly the colour of your face."

"I wish your corn were thistles, which are good enough for asses like you!" shrieked the enraged dwarf. In a moment the field of corn was turned into waste ground covered with thistles, and the reapers became asses, who rushed after the dwarf to bite and trample on him, but Brinborion took to his heels and made his escape to the next village.

The wretched little imp had now become as yellow as saffron and every one fled from him as if he were the plague.

"I only wish all these people could become as yellow as I," said he, "and then they would see how very unpleasant it is."

Suddenly all the villagers turned as yellow as Brinborion, and, being sure he was the cause of their misfortune, they ran after him, with sticks and stones.

"Take care," shouted the boy as he ran away from them, "or I'll set your whole village on fire and turn you all into ——" Before he had time to finish his sentence, he was seized by his hair and carried away, while his magic wand fell from his hand.

"YOU WICKED BOY!" cried the fairy Berliquette, for it was she in whose grasp he was. Brinborion dared not utter a single word. When the fairy reached her home she spoke thus: —

"You little good-for-nothing, what have you done? Did I lend you my fairy wand to do harm to mankind? Fortunately I have been able to make good all the evil you have wrought; I made myself invisible and followed you everywhere. When that honest farmer gave you a good reason for refusing you shelter you caused the earth to swallow him up, but I rescued him and all his family, and his daughter's wedding has now taken place. Because the family who were celebrating the hundredth birthday of their old father would not admit you, a complete stranger, to their festivities you tried to drown them in the river, but I saved them and led them myself to the island, where they are still feasting and rejoicing. The old beggar-woman no longer has the gold and silver which you bestowed on her—she neither earned it nor deserved it. Nevertheless, because for once you showed kindly feeling, your complexion became rosy, but you became yellow again when you insulted the owner of the mansion, and injured a poor cat who had done no harm to you. You ruined a harvest and transformed the unfortunate reapers, and were about to destroy an entire village. It is too much, and you shall do no more evil to your fellow-creatures, for I condemn you to remain a thousand years on this mantelpiece!"

The fairy then lifted Brinborion up and placed him on her mantelpiece, where he became dumb and turned into a grotesque china figure always nodding its head. And in this shape he remained for a thousand years, at the end of which he fell from his shelf, was broken into a thousand pieces, and so died.

Everybody who came to see Berliquette looked at the china dwarf, and the fairy told them, "This was my godson,

Brinborion. I have transformed him in this way because he grew furiously angry at being teased, because he was a trouble to others—because, in short, he was a wicked boy who did nothing but evil, and spoilt the happiness of his fellow-creatures."

# The Blue Bird

A Wealthy and powerful King, having lost his wife, refused to be comforted, and shut himself up in a little room, where he spent his time knocking his head against the wall. Fearing lest he should kill himself, his courtiers placed mattresses over every wall, so that he could not suffer any injury. Then they proclaimed that any of his subjects who wished to do so might visit the monarch and try to comfort him in his sorrow. But neither grave nor lively speeches made any impression on the King; in fact he hardly heard what his visitors said.

At last there came before him a lady clad from head to foot in black crape, who wept and sobbed so much that the King must needs take notice of her. Then she told him that she had not come to try to console him, but rather to add to his grief, for she herself had recently lost the best husband in the whole world. Then she shed tears anew. The King began to weep in company, and to talk to her of his dear wife; the lady did the same of her husband—in fact they talked so much that there was nothing more left to say about their sorrow. Then the cunning widow raised her veil and showed her large blue eyes, fringed with dark lashes, and her rosy cheeks. The King gazed at her more earnestly and spoke less and less of his departed wife. The widow still declared she would always lament her husband, but the King begged her not to sorrow forever. The end of it was that the King courted and married the lady, to the great astonishment of everyone.

The King had an only daughter named Florine, because she was as fresh and lovely as Flora, the goddess of flowers; at the time of her father's second marriage she was about fifteen years old. The new Queen also had a daughter, who had been brought up by her godmother, the fairy Soussio; she was known as Troutine, because her face was speckled with red like the back of a trout. Indeed, in spite of all her fairy godmother had done for her, Troutine was so ugly and ill-tempered that the Queen was in despair at the contrast between the two girls. She did all she could to make Florine unhappy; and both she and Troutine were always complaining of her to the King.

One day the King said to his wife that both the girls were now quite old enough to be married, and that he intended to choose for one of them the first Prince who visited his court.

"I think," said the Queen, "that my daughter should be thought of first, as she is older than your girl; and as she is far more amiable she ought to have the first choice." The King was always anxious for a quiet life, so he said the Queen might do as she pleased.

Some little time after, messengers came to announce that King Charming was about to pay them a visit, and that he was worthy of his name. The Queen sent at once for milliners, dress-makers and jewellers to deck out Troutine from head to foot; but to Florine she would allow no new clothes, and even bribed her maids to take away what dresses and jewels she had, so that the poor Princess could find nothing to wear but a very old and shabby frock, without as much as a ribbon. Florine was so much ashamed of it that she hid in a corner of the palace hall when King Charming entered, so that he should not see her.

The Queen received the young monarch most graciously, and he was led up to Troutine who, though blazing with jewels, looked so ugly and unattractive that even the polite King Charming could hardly look at her. He asked if there were not another Princess named Florine. The courtiers pointed to the corner where Florine was hiding, and she came forward blushing and looking so lovely, in spite of her shabby clothes, that the visitor eagerly talked to her for three hours on end.

The Queen went at once to her royal husband and persuaded him to consent that Florine should be shut up in a tower during the whole of King Charming's visit, and this was immediately done.

Meanwhile the young King waited anxiously to see the Princess again, but she came no more. By the Queen's orders every one at the court spoke all the evil they could of Florine, but he refused to believe a word of it.

Florine, shut up in her tower, lamented bitterly. "It would have been easier to bear," she said, "had they put me here before I had seen that King who was so kind to me. It is to prevent my meeting him again that my stepmother treats me so harshly."

In order to win King Charming for her daughter, the Queen sent him magnificent presents; among them a heart made of a single large ruby, pierced by a diamond arrow and hung from a chain of huge pearls. He was told that this gift came from the Princess he had lately seen, and that she begged him to be her knight. But when he found that the Princess of whom the courtier spoke was Troutine, King Charming refused the gifts and sent them all back. Still he never saw Florine again, and at last he ventured to ask the Queen what had become of the younger Princess. The Queen replied angrily, "The King, her father, has forbidden her to leave her rooms till my daughter is married!"

"But what reason can there be for keeping this fair lady a prisoner?"

The Queen refused to answer, so King Charming sent for one of his most trusted attendants and begged him to try to get some news about the absent Princess. The attendant was so far successful that he managed to get one of the court ladies to persuade Florine that she would talk with the King that evening from a window in the tower overlooking the palace garden. But the faithless lady betrayed the plan to the Queen, who resolved to lock up Florine in another room and send her own daughter to the window instead. The night was so dark that King Charming did not observe that it was not his own Princess who awaited him, and he made to Troutine all the pretty speeches he had intended for Florine. Then he drew from his finger a ring which he placed on the Princess's finger, and made her promise to escape with him on the morrow. He noticed that the Princess spoke very little and not in so pleasant a voice as before, but he supposed that she was afraid of being discovered by the Queen, so he left her, quite unaware of the trick that had been played on him.

Next evening, Troutine, closely veiled, crept out of a little secret door to where King Charming was waiting for her in a chariot drawn by winged frogs, which one of his friends, a great magician, had bestowed on him. The fairy chariot rose in the air and they soon quitted the kingdom; then the King proposed that they should descend to earth and be married. The Princess readily consented, but said she would like the wedding festival to take place at the house of her fairy godmother. The winged frogs flew to Soussio's castle, and Troutine at once went to the fairy and told her privately all that had happened and begged for her help.

"You have asked me no easy thing," replied her godmother. "He is in love with Florine, and I fear that even now you will be disappointed."

Meantime the King awaited them in a hall, through whose clear diamond walls he could distinctly see Soussio and Troutine talking together. "Has my dear Florine been carried away?" he cried. At that moment they came to him, and Soussio said in a tone of command, "King Charming, here is Princess Troutine to whom you are pledged—you must marry her at once!"

"I have promised her nothing," said the King.

"What!" said Troutine. "Did you not place this ring on my finger, and urge me to fly with you?"

"I have been deceived. Quick, my winged frogs, I will depart at once!" cried the King.

"You cannot!" exclaimed the fairy, touching him with her wand, and instantly his feet became fast to the floor as if they had been nailed to it.

"You may do your worst," said the King haughtily, "but I will marry no one but Florine."

Soussio tried every means in her power to persuade him to change his resolve, and Troutine wept and implored, but the King paid not the faintest attention to them. This went on for twenty days, till they were all utterly weary, and at last Soussio said, "Take your choice—undergo seven years of penance, or marry my god-daughter!"

"I choose," said the King, "and I will *not* marry Troutine."

"Then for seven years you shall be changed into a blue

bird," shrieked the angry fairy.

Immediately a wondrous change came over the King. His arms were covered with feathers and turned into wings. His legs and feet became black and shrunken, with hooked claws; his body was transformed into that of a bird, while the crown on his head was replaced with a white plume. He could both sing and speak, and uttering a doleful cry he flew swiftly away from Soussio's dread palace.

The fairy then sent the disappointed Troutine back to her mother, who was furiously angry. "Florine shall repent," she cried, "of having found favour in King Charming's eyes;" and dressing her own daughter in rich garments with a gold crown on her head and Charming's ring on her finger, she took her to the tower where Florine was imprisoned and said, "Florine, your sister has come to tell you that she is married to King Charming, who loves her to distraction." Florine fell fainting to the ground, and the Queen immediately went and maliciously told her husband that his daughter was almost out of her mind and must be closely watched and guarded, and that on no account must she be allowed to leave the tower. The King said that his wife might manage the matter as she liked, and he would be satisfied with whatever she did.

The next evening Florine opened her window, and, sitting by it, wept till dawn. The Blue Bird, guessing that his dear Princess was kept a prisoner there, flew continually round the palace, but only at night, for he feared lest Troutine should recognise him. One night there was a full moon, and then he saw the maiden sitting sobbing by a casement in the tower, and knew that it was the loved one for whom he sought.

"Lovely Florine," he cried, "your misfortunes are not without a remedy. "

"Who speaks words of comfort to me?" she asked.

"An unhappy King who loves you and will love none other." So saying he flew on to her window-sill. At first Florine was frightened at hearing a bird that spoke with a human voice, but soon she began to stroke and caress him.

"Who are you, charming bird?" she asked.

"You call me by my name," replied the King, "and you pretend not to know me. I have been changed into this shape rather than give up my love for you."

"Ah! Do not deceive me," said Florine. "I know you have married Troutine. She came to taunt me, wearing royal robes and a golden crown, and with your ring on her finger."

"It is all false," interrupted the bird; and he told her the whole story. His constancy delighted the Princess so much that she forgot all her sufferings in prison. The day dawned and the Blue Bird and Florine had to part, but they only did so after promising to see each other in this way every night.

On the morrow the Blue Bird flew to his own kingdom. He went to his palace and carried back in his beak a pair of lovely bracelets each carved from a single emerald. Thus he brought each evening to the Princess some beautiful jewel or other rich present, and, having nowhere else to put her fine things, she hid them in the mattress of her bed. In the daytime the Blue Bird hid in a hollow tree, where he lived on fruit. Sometimes he sang so sweetly that the passers-by thought it was not a bird but a spirit, and so it was rumoured that the wood was haunted, and no one would enter it. The Blue Bird lived therefore in safety, and two years passed away without a single complaint from either of the lovers. Although the Princess saw no one, and the Blue Bird spent his days in a hollow tree, they always had much to say to each other, and Florine would adorn herself with her jewels to please her lover.

Meanwhile the wicked Queen was making vain efforts to get Troutine married, but no one would have her. "If it were Florine," all the Princes said, "we should be most happy."

Troutine and her mother were beside themselves with rage, and determined to punish the innocent Princess still more severely. One day they talked about it until after midnight, and then they ascended the tower. Florine had dressed herself with great care, and was sitting with the Blue Bird by the window decked with some of the lovely jewels he had given to her. They were singing together when the angry Queen burst into the room. Florine hastily opened the window so that the Blue Bird might fly away, but he would not leave his Princess, though he was powerless to defend her.

The Queen and Troutine were startled at seeing Florine's wonderful jewels, which set off her dazzling beauty.

"Whence come all these ornaments?" they demanded.

"I found them here," replied Florine; "that is all I know."

"You have been given them as a bribe to betray your father and his kingdom."

"That is likely," said the Princess disdainfully, "seeing that I have been in prison here for two years with you as my jailers."

"And for whom," her stepmother continued, "have you dressed yourself so magnificently and adorned yourself with gems?"

"I have time enough on my hands," said the Princess. "It is not strange that I should spend some of it in adorning myself, instead of bewailing my misfortunes all day."

The Queen was not satisfied with these answers but began to search the room and soon found in the mattress a quantity of precious stones of every kind. At that moment the Blue Bird called out, "Take heed of thine enemy, Florine!" This cry so frightened the Queen, who had not observed the bird perched on the chimney piece, that she went away believing that Florine, was protected by spirits of the air. She was afraid to molest her step-daughter further, but resolved to try to discover her secret, so she placed in the tower a waiting-maid who was to watch the Princess from morning till night, and to sleep in her room. Poor Florine dared not open her window, though she heard the Blue Bird fluttering round it every night. A whole month thus went by, until at last, overcome with fatigue from her constant watching, the spy fell one evening into a deep sleep. Then Florine opened the window, and sang in a clear voice—

"Dearest bird with wings of blue,
Come to where I wait for you."

The Blue Bird flew to the window and the two were overjoyed at being in each other's company once again. They talked till dawn and met again the next night. But on the third night the spy woke up, and was surprised to see the Princess sitting by the open window with a beautiful Blue Bird who whispered in her ear and caressed her gently with his beak. She lay still and gave no sign of wakefulness, but next morning she hastened to the Queen and told her all she had seen. The Queen and Troutine guessed then that the bird must be King Charming, so they sent the waiting-woman back to the tower and planned a cruel deed.

The next evening the poor Princess opened her window again and sang—

"Dearest bird with wings of blue,
Come to where I wait for you."

But all night long she waited in vain, for the wicked Queen had tied sharp knives within the hollow tree so that when Blue Bird flew into it they cut his feet and wings till he fell down sorely wounded and unable to move.

Fortunately his friend the magician had been alarmed at seeing the flying frogs return with an empty chariot, and had been searching for the missing King all over the world. Just at this time he chanced to come to the wood where the Blue Bird was hidden. He blew a loud blast on his horn and called out, "King Charming, where are you?" The King knew the voice to be that of his best friend, and cried out feebly, "Come and save me—I am a Blue Bird."

The magician at once searched about until he found the poor bird; he took him up and healed his wounds, and then Charming told all that had befallen him. Both the King and the magician were sadly sure that Florine had betrayed her lover. "All that is left for me," said the King, "is for you to keep me safely in a cage for the next five years."

"But," said the enchanter, "during that time your enemies, who believe you dead, will seize on your kingdom."

"Can I not return and govern it as before?" asked the King.

"I fear that would be impossible," said his friend sorrowfully.

"Your subjects would not submit to be ruled by a bird. But I will try to find some way out of the trouble."

Meantime, Florine overcome with grief at her lover's absence, became dangerously ill, and for long she kept on singing night and day—

"Dearest bird with wings of blue,

Come to where I wait for you."

But no one heeded her.

At last a change in her fortunes took place, for the King, her father, fell ill and died. The people, who detested the wicked Queen and Troutine, stormed the palace and demanded that Princess Florine should be proclaimed their ruler. Angry rioters seized the Queen and put her to death, but Troutine managed to escape and fled to her godmother, the fairy Soussio.

The Princess Florine was brought from the tower and taken to the palace, where she was crowned Queen.

The great care that was taken of her health, and her longing to see her dear Blue Bird again, soon cured Florine. Not long after she appointed a council to govern the kingdom for her, and then, taking only some of her jewels with her, she set out by night quite alone, without letting any one know where she was going.

The magician, who was King Charming's friend, had meantime gone to the fairy Souisso, who was more powerful than he, and tried to make a bargain with her. But the fairy would consent to nothing unless Charming would marry her goddaughter. Even the magician was taken aback by the Princess's ugliness; but the Blue Bird had undergone so many hardships, and was still in danger of losing his kingdom—for the next heir was on the point of seizing his throne—so that at last an agreement was made that King Charming should be restored to his natural form for six months, and during that time Troutine should stay in his palace, so that he might try to make up his mind to marry her. If, at the end of that time, he still refused, he was to be turned again into a bird.

Charming, once again in human form, returned to his kingdom, but he was less occupied in looking after its affairs than in trying to devise plans of escape from a marriage with Troutine. All this while Queen Florine, disguised as a poor peasant girl with her hair hanging in tangled masses round her face, a coarse straw hat on her head and a sack over her shoulders, had been on her weary journey, sometimes walking, sometimes riding, wandering by land and sea in search of her dear King.

One day as she sat down by the side of a stream to bathe her feet in the cool water, a little old woman, leaning heavily on a stick, came by and said to her, "My pretty maiden, what are you doing here all alone?"

"Good dame," replied the Queen, "I am not alone, for all my troubles are with me," and her eyes filled with tears.

"Tell me what your troubles are," said the old woman, "and I may be able to comfort you."

Florine readily obeyed. The old dame listened attentively, and then suddenly changed into a beautiful fairy, who said, "Lovely Florine, the King you are seeking is no longer a bird. My sister Soussio has restored his shape, and he is now in his own kingdom. Do not despair—you shall gain your happiness. Take these four eggs, and break one of them whenever you are in most need of help."

The fairy then disappeared, and Florine, greatly comforted, put the eggs in her sack and set out towards the country of King Charming. She walked for eight days, and at the end of that time arrived at the foot of a high mountain, made entirely of ivory and so steep that one could not set foot on it without falling. She tried and tried in vain, till suddenly she thought of the fairy's gift. Taking out one of the eggs she broke it and found inside little hooks of gold which she fitted on to her hands and feet. As soon as she had them on, she climbed the mountain without any difficulty. But when she passed the summit and came down the other side, Florine found herself in fresh trouble, for the whole valley below was one huge sheet of glass.

Florine did not know what to do, for she saw great danger in walking upon it; but she cracked another egg, and there came out two pigeons harnessed to a little chariot, which grew till it was large enough for her to sit in. Then the pigeons flew gently across to the other side of the valley. "Now," said Florine, "will you take me, little friends, to the place where King Charming holds his court?" The pigeons flew day and night till they reached the gates of the town, where the Queen dismissed them with a kiss.

How her heart beat as she entered the city, and she smeared her face with dust for fear of being recognised.

Then she asked the passers-by where she could see the King. "He will be coming to the temple tomorrow with Princess Troutine," was the reply, "for he has at last consented to marry her."

Poor Florine sought a humble lodging for the night, and next morning rose early and made her way to the temple, where she saw two thrones, one for King Charming and the other for Troutine, who was already regarded as Queen. The Royal pair arrived—he looking more handsome and she more hideous than ever before. As Florine pressed forward amongst the attendants, Troutine saw her and exclaimed with a frown, "Who is this creature who dares approach so near my golden throne?"

"I am a peasant girl," said Florine, "and I come from afar to sell you some rare treasures." So saying she took from her sack the emerald bracelets which King Charming had given her. "These are pretty enough," said Troutine, and showed the bracelets to the King, asking him what he thought of them.

The King turned pale, hesitated, and then replied, "I believe these bracelets are worth as much as all my kingdom. I thought there was but one pair of them in the world!"

"Then I will buy these," said Troutine, and going back to Florine she asked her how much she wanted for the bracelets.

"I will not sell them for money, madame," was the reply, "but if you will get me permission to sleep one night in the Cabinet of Echoes in the King's palace, I will give you my emeralds."

"Very well," said Troutine, laughing and showing teeth like the tusks of a boar.

Now, when the King was a Blue Bird he had told Florine about this wonderful Cabinet of Echoes where every word spoken could be heard by the King in his own room, so she could not have chosen a better way to reproach him for deserting her. But it was in vain that the poor young Queen sobbed and cried all night—the King heard nothing of it, for he had taken a sleeping-draught that he might forget his own sorrows.

Next day Florine was in great perplexity. "If the King heard me," she thought, "he loves me no longer, and if he did not hear me, how shall I manage to make him do so?"

She resolved to try once again, and as she had no more jewels rare enough to tempt Troutine, she broke her third egg and out of it came a tiny coach of polished steel drawn by six green mice, and driven by a rose-coloured rat, with a violet one as footman. Inside the coach sat four little puppets who could do all sorts of tricks.

The Queen herself was delighted with this pretty toy, and waited in the palace garden till Troutine came to walk there. Then she made the mice gallop and the little figures bow, and Troutine was so amazed and pleased that she was ready to give any price for such a curious thing. Florine refused to part with it for gold, but said that all she wanted was permission to spend another night in the Cabinet of Echoes. Troutine consented, but it was once more in vain, for again the King took a sleeping-draught, so that he slept soundly all the night, undisturbed by the poor Queen's reproaches and sobs.

The next day Florine broke her last egg, and there appeared a pie made of six birds which, though already baked and prepared for table, could yet sing beautifully and tell fortunes. With this magical toy Florine hastened to Troutine's ante-chamber. While she waited there one of the King's valets came up to her and said, "My good girl, if the King did not take a potion to make him sleep you would disturb him terribly, for you chatter all night long."

Now at last Florine understood what had happened; she took a handful of jewels from her sack and said, "If you will promise not to give the King a sleeping-draught tonight, all these pearls and diamonds shall be yours." The valet promised, and a few moments later Troutine came out of her room and at once coveted the wonderful pie. "What will you take for this?" she asked.

"My usual price," said Florine; "permission to sleep one more night in the Cabinet of Echoes." Troutine, charmed with the pie, agreed readily, and even gave Florine a small piece of gold into the bargain.

When all in the palace were asleep, Florine, hoping that King Charming would hear her, called on him for the last time, and asked what she had done that he should forget her and marry Troutine. This time the King heard the cry, and enquired who was in the Cabinet of Echoes. His valet replied it was the peasant girl who had sold Troutine the emerald bracelets. Greatly amazed, Charming arose, dressed quickly, and went by a secret staircase into the Cabinet. He recognised Florine and threw himself at her feet; they told each other all that had befallen them, and how they had been kept apart, and renewed their vows of love.

But the way to their marriage was not yet clear, because of the obstinacy of the fairy Soussio, and they knew not what to do. But now there appeared the King's friend, the enchanter, and with him came the fairy who had given Florine the four magic eggs. These two together were more powerful than Soussio, and they declared that the lovers should not be disappointed longer, but should be speedily married. The fairy Soussio dared not resist their will. When the news reached Troutine she ran to the King, and was astounded to recognise in the peasant girl her hated rival. She opened her mouth to utter bitter and angry reproaches, but as she did so the enchanter and the fairy transformed her into a wild sow, and she ran out grunting into the courtyard, followed by peals of laughter from everybody about the court.

Freed at last from all peril, King Charming and Queen Florine found in their marriage perfect happiness, which lasted to the end of their lives.

# The Pot of Carnations

Once upon a time there was a poor countryman, who being ill and knowing that he was about to die, resolved that there should be no cause for dispute between his son and daughter after his death, for they were both very dear to him.

So he called them to his bedside, and made his will.

"When your mother married me," he told them, "she brought to me for a dowry two wooden stools and a mattress of straw. These and my hen would have been all that I possess; but by chance I have also a pot of carnations and a plain silver ring. Both of these were given to me by a noble lady, who once came and stayed some time in this poor hut. When she went away she said to me, "Take care of these flowers and water them well, and hide the ring in some safe place. I foretell that your little girl will grow up to be very beautiful; call her Felicity, and, when she is old enough to take care of them, give her the carnations and the ring, to console her for being poor."

"So now," continued the good peasant, "you shall have them, my dear daughter, and the rest of my poor belongings I leave to your brother."

The two young people were quite satisfied with their shares, and soon after the countryman died. The brother and sister continued to dwell in the woodland hut, and at first all went well and they were quite contented together. But the brother, whose name was Bruin, became envious of the ring and the pot of carnations which his sister possessed, and one day, when Felicity chanced to sit down on one of the stools, Bruin cried out angrily, "You may do what you like with your flowers and your ring, but don't dare to touch my stool!" Then he took both of the stools for himself, so that his sister had to stand.

For supper Bruin had a fine large egg which his hen had just laid, but he was still in a bad temper and, when he had finished, he threw the empty shell at Felicity and said, "That's your share, and if it isn't enough for you, go and hunt for frogs in the marsh, and cook them!"

His sister made no reply to this rude speech, but went away from him, weeping quietly. Her tiny bedchamber was filled with a pleasant fragrant scent, which she knew must come from her carnations. "My pretty flowers," she said, as she caressed the pot that held them, "how you comfort me with your fair colours and sweet perfume. I will never pluck you or let you want for water; you shall be my constant care, for you are the only friends I have."

Then she felt the mould in which the carnations were planted, and found that it was quite dry, so though it was night she took her pitcher and ran out in the moonlight to a stream that flowed some little distance away. When she reached it the young girl was breathless from her haste, so she sat down near a little copse to rest for a while.

Hardly had she done so when there appeared coming towards the stream across the meadows a beautiful lady, richly dressed and followed by a train of maids of honour and other attendants. She paused by the water's side, and some of the servants brought forward a chair of carved oak; they covered it with cloth of gold and set a fine canopy over it. Others brought tables and spread on them a dainty feast, with fruit in dishes of gold and wine in crystal glasses. Then, whilst the lady and her company partook of the banquet, soft music was played and some of the maidens sang.

Felicity gazed entranced at this surprising vision, but dared not move lest she should be observed. But presently the lady said to one of her attendants, "Methinks a shepherdess is hiding by yonder bush—bring her hither to me!"

When Felicity heard this she stepped forward from the copse, and made a low curtsey to the queenly lady and kissed the hem of her robe.

"What are you doing here alone, my pretty girl?" asked the lady. "Are you not afraid of robbers?"

"Alas madam," answered Felicity, with a blush, "I have only a linen gown. What could robbers take from a peasant girl like me?"

"You are not rich, then?" said the Queen smiling.

"Indeed I am so poor," replied Felicity, "that my father when he died left me only a pot of carnations and a silver ring."

"But you have a heart," said the Queen. "If some one should wish to take it from you, would you give it away?"

"I have always heard," answered Felicity, "that without one's heart one cannot live, and in spite of my poverty I am by no means sorry to be alive."

"Tell me," continued the Queen, "have you had a good supper this evening?"

"No madam," said Felicity, "there was very little, and my brother took it all for himself."

At once the kindly Queen ordered a place to be laid for the young shepherdess by her side, and gave her of all the dishes on the table, but Felicity was so excited and overcome that she could hardly eat a morsel.

"I should like to know," said the Queen presently, "what you were doing at the stream so late?"

"Madam" replied Felicity, "I came to fetch water for my dear carnations," and as she spoke she stooped to pick up her pitcher, but when she showed it to the Queen she was astonished to find that it had been turned to gold, and was filled with water which had a most delicious perfume. She put it down, fearing she had made some mistake and that the pitcher was not hers. But the Queen smiled and said graciously, "I give this to you, Felicity; go and water your flowers, and remember that the Queen of the Woods will always be your friend." The shepherdess threw herself at the Queen's feet. "I give you my most grateful thanks for the honour you have done me, and entreat you to wait here for a few minutes longer. I wish to give you half of my most precious possession—my pot of carnations.""Very well," answered the Queen, "I will wait here till you return."

Felicity took her pitcher and ran back quickly to her little room. But, alas! She found that, whilst she had been away, her brother had stolen the pot of flowers and put in their place a large cabbage.

When Felicity saw this she was much distressed and hesitated for a long time whether to go back to the stream or not. At last she resolved to do so, and kneeling down before the Queen she said, "Madam, Bruin has stolen my flowers, so I have nothing left but my silver ring, which I beg you to accept as a proof of my gratitude."

"If I take your ring, my pretty girl," said the Queen, "you will have nothing at all left for yourself."

"I do not mind that, madam," answered Felicity, "so long as I have your favour."

The Queen took the ring and placed it on her finger. Then she mounted her chariot of coral, which was studded with emeralds, and drawn by six white horses. Soon she was lost from sight.

Felicity gazed after her as long as she could, and then returned to the cottage. The first thing she did was to throw the cabbage out of the window, but she was much surprised to hear a voice cry out, "Oh, you have killed me!" She could not understand this, for cabbages are not in the habit of talking.

The next morning she rose very early and went outside to search for her pot, and the first thing she came across was the cabbage. She gave it a kick, saying, "Do you think you could take the place of my dear carnations?"

"If I had not been carried into your room it would never have entered my head to go there," replied the cabbage angrily.

Felicity was terrified at hearing the cabbage speak, but it went on—"If you will put me back again by my comrades, I can tell you where your pinks are—they are hidden in Bruin's bed."

Felicity despaired of being able to get them back, but she kindly replanted the cabbage, and when she had finished she caught sight of her brother's hen and said to it, "Naughty creature, I will pay you out for all the misery which Bruin has caused me."

"Do not kill me, shepherdess," said the hen, "and I will tell you the most wonderful story about yourself. To begin with, the labourer with whom you lived was not your father. Your mother was a Queen, who already has six daughters, and before you were born her husband threatened to kill her if the seventh child were not a son. The poor Queen was imprisoned in a castle and surrounded with guards, who were ordered to slay her if she had another daughter. Now the Queen had a sister who was a fairy, and they planned together that if the Queen had another little girl, she should exchange it for the fairy's baby boy. So the tiny boy was placed in a cradle, and his mother gave him in charge of the winds, and ordered them to carry the little Prince into the Queen's room and change him for the baby daughter if the Queen should have one. But the plan was of no use, for the Queen, afraid lest her fairy sister should delay too long, had in the meantime bribed her guard to let her escape. As soon as you were born the unhappy Queen, seeking a hiding-place, came to this hut, nearly dead with grief and weariness. I was the husbandman's wife and a good nurse, so she gave you into my charge, but died before she could tell us what should be done with you.

"I was always very talkative and could not refrain from telling her story to all my neighbours. One day a beautiful lady passed this way, and when I told her about you, she touched me with a wand, and I became a hen unable to speak any more. My husband looked everywhere for me when he came home, and at last believed I had been drowned or devoured by some wild animal. Later on the same lady came here again; she told my husband to call you Felicity, and made him a present of a pot of pinks and a silver ring. While she was here there came five-and-twenty of your father's soldiers who sought to kill you, but she changed them all into green cabbages, one of which you threw out of the window last night. I never heard one of them speak till now, and I know not how my own voice has come back again."

The Princess was greatly surprised at hearing this strange tale, and said to the hen, "I am deeply sorry for you, my poor nurse, and would gladly restore you to your former shape if I could. But do not despair, for I feel sure things will not always remain as they are now. Now I am going to look for my carnations, which I love more dearly than anything else."

Still marvelling at the story which the hen had told to her, Felicity returned to her cottage, determined to recover her beloved pot of pinks. In the meantime Bruin, not dreaming she would discover the hiding-place, had gone into the forest, so Felicity went boldly to his room. But here she was met by a number of great rats, who rushed at her and tried to drive her away from the bed. But Felicity was quite undismayed; she fetched the golden pitcher filled with the perfumed water and, guessing that the fairy's gift had magic powers, she threw a few drops on to the rats. At once they all fled, squeaking wildly, and Felicity was able to recover her carnations, which were uninjured but drooping for want of water. She emptied on them the contents of her pitcher, and the flowers at once revived and filled the whole cottage with their fragrance. She was smelling them with great delight when she heard a gentle voice which came from amongst the leaves and said to her,

"Wondrous Felicity, this is the happy day for which I have longed when I may speak to you. So great is your beauty that even flowers admire and love you."

The young girl was so surprised and overcome by all that she had gone through that day—hearing first a cabbage and a hen talk to her, then meeting an army of rats, and now hearing her carnations speak—that she turned pale and fainted.

At that moment Bruin returned; when he saw that Felicity had sought out her flowers and found them, he became so angry that he dragged her to the door and thrust her out of the cottage. She fell to the ground, but scarcely had her cheeks touched the cool earth when she opened her eyes and saw the Queen of the Woods standing tall and stately, by her side.

"You have a most wicked brother," said she to Felicity; "I saw how cruelly he thrust you from his house. Do you wish to be revenged on him?"

"No, madam," said the gentle girl, "I have no feeling of anger, and why should I follow his wicked example?"

"I do not know why," continued the Queen, "but I feel quite sure that this coarse peasant cannot be your brother. What do you yourself think about it?"

"So far as I know he is really my brother," replied the shepherdess modestly.

"What!" said the Queen. "Have you not heard that you were born a Princess?"

"I have just heard it for the first time," she answered, "but I have no proof that it is true."

"Dear child," said the fairy, "your answers please me, for now I know that your poor bringing-up in this peasant home has done you no harm. Yes, you are indeed a Princess, but until now it has not been in my power to save you from the misfortunes from which you have suffered."

Here the Queen was interrupted by the arrival of a youth, who was exceedingly handsome. He was clad in green velvet fastened with emerald clasps, and on his head was a crown of carnations. He knelt before the Queen, and she clasped him in her arms, exclaiming, "My dear son, your enchantment is at an end, thanks to the help of this fair maiden."

Then turning to Felicity she said, "I know all that the hen has told you; but what you have not yet learned is that I am the fairy, your mother's sister. When the winds, whom I had ordered to exchange my son for you, went in search of your mother, they laid him in a bed of flowers. Meanwhile a powerful fairy, with whom I had quarrelled, seized the opportunity she had been waiting for ever since the birth of my son, and changed him on the spot into a pot of carnations, and for all my skill I could do nothing to prevent this misfortune. I was overcome with grief, and spent all my time trying to discover some remedy. I could find none better than to bring the Prince to the place where you were being brought up, foreseeing that when you had watered the flowers with my water from the golden pitcher, he would speak, he would love you, and after that you would both find happiness. I gave you a silver ring, which it was necessary I should receive back again from your hands as a sign that the hour was approaching when the wicked spell would lose its force, in spite of the army of rats that our enemy would send against us to prevent you from recovering your pinks. So, dear Felicity, if my son marries you with this silver ring, your happiness will never end. Do you think you could love my son well enough to take him for a husband?"

"Madam," replied Princess Felicity, "you heap favours on me. I know that you are my aunt, and that by your magic power the guards sent to kill me were turned into cabbages and my nurse into a hen, and that in wishing me to marry Prince Carnation you do me more honour than I deserve. But I hesitate, for I know not whether he really loves me, and I could not be satisfied unless I felt sure of his affection."

Prince Carnation hastened to assure her of his devotion, and told her that all the time he had been a flower he had loved her dearly and had longed to tell her so.

While they were talking the Queen had touched Felicity with her wand and wished for her the richest dress that was ever seen. Immediately her cotton frock was changed into a robe of silver brocade embroidered with pearls. From her dark hair, which was crowned with diamonds, fell a veil of gauze and gold, and her complexion bloomed like lilies and roses.

Just then Bruin passed by on his way to work, and seeing Felicity thus arrayed, thought he must be dreaming. But she called him to her and begged the Queen to have pity on him.

"What! when he was so unkind to you?" said the Queen.

"I am so happy," said the Princess, "that I would like him to be happy too."

The Queen kissed her and said, "To please you I will make Bruin rich," and, touching his hut with her wand, it became a palace, beautifully furnished and full of treasures. But his stools and his mattress remained unchanged to remind him of his former poverty. The Queen also improved his manners and his appearance; then Bruin begged the Princess to forgive him, and poured out his thanks to her and the fairy. Finally, by a strode of the Queen's wand, the cabbages were changed into men and the hen into a peasant woman. Only Prince Carnation was still dissatisfied and begged the Princess to think more kindly of him. At last she consented, for in truth she had never seen a handsomer or more gallant young man.

The marriage proved a very happy one, and the Princess soon forgot all the trouble she had endured before she met the Queen of the Woods.

# Bearskin and the Man in Green

A very long time ago there lived a young man who had no particular taste for anything but fighting, so he enlisted as a private soldier in the army of his country.

Soon after he had joined, a great war broke out which lasted for eight years, and during all this time the soldier fought very bravely. He was lucky enough to go through the whole campaign without a scratch, but on the other hand his bravery went unrewarded, and he was given no promotion.

Peace was made at length and many of the soldiers were dismissed—ours among them—and told that they had better go and look for other work as they were no longer wanted.

During the years of fighting the young man's parents had died and he had no home, so he asked his brothers to shelter him till a fresh war should occur. But they were hard-hearted and said he was not good for anything and must shift for himself. The poor lad possessed nothing but his gun, which he shouldered, and set out to look for a situation.

As he wandered along he came to a wide and level

meadow, surrounded by a circle of trees. Sitting down in their shade, he began talking sadly to himself.

"I have no money, I know no other trade than that of a soldier, and now that peace is made I am fit for nothing. I am sure that I shall die of hunger."

At that moment he heard a noise and, looking up, saw before him a stranger richly clad in green.

"I know what you want," said the stranger; "it is money. You shall have as much as you wish, but first I must be sure that you have no fear, that you are not a coward."

"Soldier and coward," replied the young man, "are words that do not go together. You may put me to any test you please."

"Very well," said the stranger, "look behind you!"

Turning round, the soldier saw a huge bear coming towards him, growling fiercely. "Oh! oh!" said he, "I must cure you of that growling," and, lifting his gun he killed the bear with one shot.

"Good," cried the stranger; "I see that you have no fear, but there are still other conditions to be fulfilled."

"I care not," replied the young man, who saw that he had to do with a demon, "provided you do not ask me to do anything wrong."

"You can judge for yourself," said the other. "For seven years you must not wash, nor comb your hair or beard, nor cut your nails. I will give you clothes, and a cloak which you must wear always during that time. If you die within the seven years you will belong to me, but if you live longer you shall be rich and free from all care."

The soldier remembered how poor he was, and, as he had braved death so many times before, he decided to accept the offer.

The man in green took off his coat and gave it to the soldier, saying, "So long as you wear this, every time you dip your hands into the pockets, you will take them out full of gold." Then, having stripped off the bear's skin, he added, "This will serve you for a cloak as well as for a bed, for you must have no other, and you will henceforth be known by the name of 'Bearskin.'" With these words he disappeared. The soldier at once put on the green coat, and thrusting his hand into one of the pockets pulled out a handful of gold, so the stranger had not deceived him. Then wrapping his bearskin round him, our soldier started off to travel all round the world, spending money lavishly as he went.

During the first year his appearance was by no means so bad, but from the second year onwards he became more and more hideous. His hair grew long and unkempt, his beard was like matted fur, and his face was so dirty that if seeds had been sown on it, they would most certainly have sprouted. Every one fled from him in terror, but as it was seen that he gave alms to all the poor, only asking them in return to pray that he might not die before seven years had passed, and as he seemed an honest man, he was always able to find a lodging.

And thus, slowly and unhappily, the time passed by, till at length in the course of the fourth year he arrived one evening at an inn where the host refused to take him even into the stable, fearing he would frighten the horses. But Bearskin put his hand into his pocket and pulled out a handful of gold, whereupon the innkeeper changed his mind and gave him a room above the courtyard on condition that he would not show himself among the other guests, for he was afraid that the sight of this hideous creature might frighten them away. One evening Bearskin was sitting in his room wishing that the seven years were over, when he heard some one crying bitterly in the next room. Being tender-hearted he opened the door and saw an old man sobbing, with his head buried in his hands. The old man looked up and was about to run away in terror from the strange figure, but hearing a human voice he was reassured, and Bearskin spoke with such kindness that he induced the other to tell his troubles. It appeared that the unhappy stranger had lost all his money, and that he and his three daughters were in such straits, that he could not even pay the innkeeper what they owed, and so the old man was about to be put in prison.

"If that is the only cause of your grief," said Bearskin, "I can remove it, for I have plenty of money." He sent for the innkeeper, paid all that he asked, and gave the poor man enough money to pay all his debts and make a fresh start.

Freed from his cares, the old man was eager to show his gratitude. "Come with me to my house," said he; "my daughters are all very beautiful and you shall choose one of them for your wife. She certainly will not refuse you when she hears what you have done for me, although you do cut a queer figure in those clothes. Still, a woman will soon alter that."

Bearskin accepted the old man's invitation and went to his house, but when the eldest daughter saw how hideous the unfortunate man was, she ran away shrieking with terror. The second daughter looked him up and down and said, "How could I take for a husband a man who has not even a human face? I would as soon marry the shaven bear that I saw dancing at the fair the other day; he was merely ugly, but this is a monster!"

But the youngest daughter said, "Dear father, he must be a good man because he has helped you in your trouble, and as you have promised him a wife, you must keep your promise."

Bearskin's face was so hairy and covered with dirt, that he could not show his joy at hearing these kind words. He took a ring from his finger and broke it in two; then he gave half to the maiden, telling her to keep it carefully and he would keep the other half. That same evening he left the old man's house, saying to the youngest daughter, "Now I must leave you for three years; if I come back we will be married, but if I do not come back you will know that I am dead and you will be free. Pray that I may live."

The poor girl was very sad and the tears came into her eyes when she thought about him. Her sisters made the greatest fun of him. "Take care," said the eldest, "that he does not scratch you with his claws when you give him your hand."

"Bears like sweet things," said the second sister; "take care that he does not eat you up when he kisses you."

"You will always have to obey him," added the eldest, "or he will growl."

"Still, the wedding will be very gay," put in the other, "for you know bears love to dance."

The youngest girl let her sisters say what they liked, and did not lose her temper. As to the man in the bearskin he went on travelling, and, wherever his journeys took him, he gave generously to the poor and asked them to pray for him.

At last the seven years came to an end and Bearskin went back to the meadow surrounded by the circle of trees. A great wind arose and the demon appeared, in a very bad humour. He threw to the soldier his old clothes and demanded his green coat back. "Wait a bit," said Bearskin; "first of all you must help me clean myself." Much against his will, the demon was obliged to fetch water, wash Bearskin, comb his hair and cut his nails. Bearskin looked a fine man now, in fact better-looking than he had ever been before.

Bearskin felt as if a load had been taken from his heart when the demon at length disappeared without tormenting him any further, and he went back to the town, put on a fine velvet suit, and ordered a carriage with four white horses to drive to the house of his promised wife. There no one knew him again. The father took him for a nobleman of high rank, and led him into a room where his daughters sat. The two elder ones prepared a dainty meal for the stranger, whispering to one another as they did so that they had never seen such a handsome man. But his sweetheart sat opposite to him, clad in black with her eyes cast down, and never spoke a word. Presently the old man ventured to ask the stranger whether he had come to select one of his daughters as a bride, and the two elder ones ran to their rooms to put on their best clothes, each feeling sure she would be the one chosen.

As soon as the stranger was left alone with the youngest daughter, he took out of his pocket his half of the ring and dropped it into a glass of wine which he offered to her. When she had drunk it and saw what lay at the bottom of the glass, her heart leaped with joy. Seizing the other half of the ring, which hung from a chain on her neck, she placed it against the first half and the two pieces fitted perfectly.

Then the stranger said to her, "I am your promised husband whom you saw in a horrible disguise, but, thanks to Heaven, I am now restored to my human form again."

He took her in his arms and kissed her again and again. At that moment her two sisters came in arrayed in their finest clothes, but when they heard that the handsome young man was Bearskin and their sister's lover, they rushed away full of anger and envy; the eldest drowned herself in a well, and the second hanged herself on a tree.

That same evening a knock was heard at the door, and when the young man opened it he saw the green-clad demon, who said gleefully to him, "You managed to escape me, but I have caught two others!"

# Fatal and Fortune

A Queen, who lived in a land far away, had two lovely baby boys, and she begged one of her friends, a kindly fairy, to be godmother to the little Princes, and to bestow a gift on each of them.

"Very well," said she, "I endow the elder boy with every kind of misfortune till he has lived for five and twenty years, and I name him Fatal." At these words the Queen began to weep and begged the fairy to change her gift.

"You know not what you ask," said the fairy. "He must be unfortunate, or else he will be wicked." The Queen dared say no more, but she begged the fairy to permit her to choose the gift for her second son. "Perhaps you will make a bad choice," replied the fairy, "but never mind, I will give him what you wish."

"I wish," said the Queen, "that he may always succeed in everything he wishes to do."

"You are wrong," said the fairy, "therefore to him also I grant this gift only for five and twenty years."

The King and Queen chose nurses for the two little Princes, but on the third day the nurse of the elder Prince caught a fever;

they gave him another who soon fell and broke her leg; a third had an illness, and, the rumour being spread that the Prince brought misfortune on all his nurses, no one would come near him. At last a strong countrywoman, who had so many children that she could hardly feed and clothe them, said that she would take the Prince if they would give her a large sum of money, and, as his father and mother did not care very much for the poor little fellow, they gave the woman what she asked, and told her to take Fatal away to her village.

The wicked creature carried Fatal to her own cottage, stripped off his beautiful clothes and put them on one of her own children. Then she wrapped the Prince up in an old cloak, carried him into a wood and put him into a little hollow with three lion cubs, in order that he might he devoured. But the mother of the lions did the child no harm; she fed both him and her cubs, and the child grew so strong, that when he was six months old he could run alone. Meanwhile, the child, who was supposed to be the Prince, died, and the King and Queen were quite pleased at having got rid of him.

Fatal remained in the wood until he was two years old, when one day a nobleman, who was out hunting, found him there. Taking pity on the sturdy child, and hearing that a boy was wanted to keep Prince Fortune company, he took Fatal to the royal court, and presented him to the Queen.

The tutor who was to teach Fortune to read was forbidden to make him cry. The young Prince knew this, and cried every time he took up his book, so that at five years old he did not know his letters, while Fatal could read and write perfectly.

Every time Fortune was naughty, Fatal had a whipping, so that however good he might be, he never escaped punishment. Besides this, Fortune was always unkind to his unknown brother, if any one gave Fatal an apple or a toy Fortune snatched it out of his hands. In short, Fatal was never allowed to please himself in anything.

When the elder boy was ten years of age, the Queen was much surprised at her son's ignorance, and went to consult her friend, the fairy, who said, "You should have wished your son to have a good disposition, rather than to succeed in what he wishes. He only desires now to be wicked, and he succeeds in being so."

Not a word more would she say, and the Queen returned sadly to the palace. She made up her mind to scold Fortune, but the naughty child said that if she vexed him he would starve himself to death. The Queen, quite frightened at this, kissed him, gave him sweetmeats, and told him he need do no lessons for a week if he would but eat as usual.

Meanwhile, Fatal grew up clever and good; he gave way in everything to Fortune, but that wicked young Prince, annoyed at finding Fatal more clever than himself, could not bear him, and at last told the Queen he would not eat anything till his companion was driven from the palace. So poor Fatal was turned into the street, and no one would give him shelter for fear of displeasing the Prince.

With no food except a crust of bread, which some one had given him in charity, he passed the cold winter's night shivering beneath a tree. The next morning he said to himself, "I will not stay here, but will find some work till I am old enough to go to the wars. I remember having read in history that common soldiers have become great captains, so perhaps I may have the same good fortune. I have neither father nor mother, but God, who gave me a lioness for a fostermother, will not forsake me." He knelt down to say his prayers, and an honest farmer, who chanced to pass by, said to himself, "I am sure this must be a good lad; I should like to take him into my service."

He waited till Fatal had finished his prayers, and then said, "My boy, will you come and tend my sheep? I will feed you and look after you!"

"Willingly," replied Fatal, "and I will do my best to serve you well."

Now the good farmer had a wife who was both dishonest and greedy, and one day she said to Fatal, "My husband is very mean and never gives me any money; let me have a sheep and you can say that a wolf carried it off."

"I would gladly do you a service, but I would rather die than tell an untruth or steal," answered the lad.

"No one will know what you have done," said the woman.

"God will know," replied Fatal. "He knows all that we

do, and will punish us if we lie or steal."

Enraged at this reply, the farmer's wife whipped the boy till the cried. The farmer, hearing the noise, asked what was the matter.

"Fatal is a thief," said his wife, "I saw him eating a pot of cream which I was going to take to market."

"You must be punished for being greedy," said the farmer, and Fatal had another whipping.

After this, the farmer's wife treated Fatal as harshly as she could. She made him sleep in the fields, and, instead of giving him the same food as the other servants, she sent him nothing but bread and water.

Fatal passed a year with the farmer, and although he slept on the bare ground and was ill-fed, he grew so strong that he would have been taken for fifteen years old when he was but thirteen; moreover, he had grown so patient that he did not mind any longer when he was scolded without reason. While he was still on the farm he heard that a neighbouring King was engaged in a great war. He asked his master to release him, and then made his way on foot into the country of this King in order to become a soldier. He was assigned to a regiment which had for its captain a great nobleman. Unluckily this captain was a brutal man, who ill-treated his soldiers and robbed them of half the money which the King gave for their food and clothing. Fatal was even more unhappy here than he had been with the farmer.

Numbers of his comrades deserted, but Fatal had pledged himself to serve for ten years, and refused to follow their example. Although the captain treated Fatal no better than the rest, nevertheless he trusted the young soldier, who always did his duty, and whenever the nobleman went away for a time he was in the habit of leaving his keys in Fatal's keeping.

The captain had a fine library to impress people with his cleverness, but he never used it. So when Fatal had finished his day's work, instead of drinking and playing cards with the other men, he used to shut himself up in the captain's library and study military books, so that in time he might himself be able to command an army.

The time came when Fatal's regiment was called up for active service. One day, soon after, he was chosen with five others to go with the captain into a certain wood, and when they were well out of sight and hearing of the other troops the soldiers whispered to one another, "Let us kill this wicked man, who robs us of our pay and food!" Fatal tried to dissuade them from such an evil deed, and when they refused to follow his advice he drew his sword, took his stand by the captain, and fought so valiantly that he killed four of the men with his own hand. The nobleman begged Fatal's pardon and reported his valour to the King, who made him a captain and gave him a sum of money.

Fatal made a good captain and was beloved by his men. He looked after them when they were wounded, and shared his own pay with them. At last a great battle was fought, and the general in command being killed, officers and men were retreating in disorder, when Fatal rushed forward crying out that he would rather die sword in hand than flee like a coward. His men rallied round him and fought so well that they turned the battle, routed the enemy and took many prisoners. The King made Fatal General of the whole army, and presented him to the Queen and to the Princess, his daughter.

When Fatal saw the beautiful Princess he fell deeply in love with her, though he dared not tell her so. To add to his trouble he learned that Fortune, having seen a portrait of the Princess Gracieuse, had also fallen in love with her, and had sent an ambassador to demand her hand in marriage.

But Gracieuse, who knew that Fortune was a wicked and cowardly Prince, begged her father not to make her marry him, so a reply was sent back by the ambassador that the Princess did not wish to wed for the present. Fortune was infuriated when he heard this, for he was used to having his own way in everything.

His father, who could refuse him nothing, declared war against the father of Gracieuse, who distressed himself little about it, merely saying, "So long as I have Fatal at the head of my army, I have no fear of defeat."

He then sent for Fatal and bade him prepare for war, but Fatal threw himself at the King's feet and told him he was a native of the kingdom of Fortune's father, and that he could not fight against his own sovereign. The father of Gracieuse declared he would put Fatal to death if he refused to fight, but that he would give him Gracieuse for a bride if he should gain a victory over Fortune. Fatal was sorely tempted, but still resolved to do what he believed to be his duty, so without another word he left the King's presence, gave up his position and wealth and quitted the court.

Meanwhile Fortune rode forth at the head of his army, but at the end of a few days he fell ill from fatigue, as he had never before taken any exercise. During his illness the report was brought to him that Gracieuse had been promised in marriage to the same Fatal who had been banished from his own palace. This news roused Fortune, who determined to dethrone the father of Gracieuse, and offered a large reward to any one who would take Fatal prisoner.

When the two armies met in battle, Fortune won the victory, although he did not himself take part in the fighting for fear of being killed. He arrived before his enemy's capital and resolved to take it by assault. That same evening Fatal was brought before him, bound in chains, and Fortune determined to have him beheaded in sight of the enemy, and he also gave a great feast to his officers to celebrate his twenty-fifth birthday.

The soldiers within the besieged city, learning that Fatal was in deadly peril, begged their King to let them make a desperate attempt to save their beloved general. Now the time had come when Fortune's fairy gift had lost its power. So when the soldiers rushed out from the citadel, his army was thrown into disorder and quickly routed and he himself was killed as he fled.

The rejoicing soldiers hastened to take the chains off Fatal, and as they did so two chariots were seen descending from the air. The fairy was in one of the chariots, and the father and mother of Fatal were in the other, but fast asleep. They only awoke as their chariot touched the ground, and were amazed at finding themselves in the midst of an army.

The fairy then led Fatal before his parents and said, "Madam, this hero is your elder son. The misfortunes he has undergone have corrected his faults—without them he would have been both violent and passionate. Fortune, who was born with a better disposition, was entirely spoilt by flattery, and had he lived longer he would only have become more wicked every day. He has just been killed, but to console you for his death, I may tell you that he was on the point of dethroning his own father because he was tired of waiting to be King."

The King and Queen hastened to embrace their new-found son, whose goodness and dutiful obedience soon consoled them for the loss of his wicked brother.

The Princess Gracieuse was told of the adventures of Fatal, and she married him gladly, knowing that she would be happy with a Prince who had been taught virtue by the harsh gift of the wise fairy.

## Little Two Eyes

In a certain town there once lived a woman who had three daughters, the eldest of whom was called Little One Eye, because she had but one eye, which was in the middle of her forehead. The second was called Little Two Eyes, because she had two eyes like ordinary people, and the youngest was named Little Three Eyes, one of her eyes being also in the middle of her forehead.

Her mother and sisters could not bear Little Two Eyes because she looked just the same as other people, and they used to beat and ill-treat her. All she got to eat were the scraps which the others left, and she was very unhappy.

The family being quite poor possessed but one goat, which Two Eyes had to take out into the fields. One day, as the goat was grazing, Two Eyes sat down on a little mound and began to cry because she was so hungry. The tears ran down her cheeks to the ground, and when at last she looked up, an old woman stood before her, who asked, "Why are you crying, my child?"

"Have I not need to cry?" replied the girl. "My mother and sisters hate me because I have two eyes like other people.

They give me the shabbiest clothes to wear and nothing to eat but their leavings. Today I have had so little to eat that I am still hungry."

"Dry your tears, Little Two Eyes," said the wise woman, "and I will tell you a secret, which will keep you from ever being hungry again. Whenever you want a meal say to your goat, 'Little goat, bleat; little table, rise,' and you will be served with delicious food. When you have finished you have only to say, 'Little goat, bleat; little table, away,' and it will all disappear before your eyes." With these words the old woman went away.

"I must try at once if what she has said is true, for I am much too hungry to wait," said Two Eyes, and turning to her goat, she cried, "Little goat, bleat; little table, rise; " and scarcely had she uttered the words, when there stood before her a little table covered with a white cloth and on it silver dishes full of the most appetising food, nice and hot. Two Eyes began to eat and found the food exceedingly good. When she had had enough she said, "Little goat, bleat; little table, away." In an instant the table with all that stood on it had disappeared again.

"This a fine easy way of housekeeping," she said gleefully, and went home quite happy.

In the kitchen she found an earthen dish with cold scraps in it, which her sisters had put aside for her, but she did not touch it. The next day she went out again with her goat and left behind the crusts of bread which were given her. The first two or three times this happened the sisters took no notice, but after that they grew suspicious and said to one another, "Two Eyes always leaves her food now, and she used to eat up everything we gave her; she must have found other ways of dining."

In order to discover the truth, it was arranged that One Eye should go with Two Eyes the next day when she drove out the goat, and see what she did in the meadow and whether she got anything to eat there. But Two Eyes guessed what One Eye had in her mind, and drove the goat into the long grass, saying, "Come and sit down and I will sing to you."

Tired after her walk, One Eye sat down on the grass and her sister kept on singing, "Are you awake, Little One Eye? Are you asleep, Little One Eye?" Then One Eye fell asleep, and when Two Eyes saw she was sleeping soundly, she called her goat and ate and drank at her table till she was satisfied. Then when the table had vanished she woke One Eye and said, "You pretend to watch the goat and fall asleep—it is a good job I was awake. Come, we will go home." Then they went home, and Two Eyes did not touch her cold and broken food.

One Eye was questioned by her mother and sister, but all she could say was, "I fell asleep in the meadow."

The next day the mother said to Three Eyes, "this time you shall go and see if any one brings Two Eyes food and drink, for she must get it secretly."

So Three Eyes said to her sister, "I will go with you and see whether the goat is properly looked after." But Two Eyes guessed what Three Eyes had in her mind, and, as before, she drove the goat into the long grass and said, "We will sit down here and I will sing to you." Then she began the same tune, but she sang carelessly, "Are you awake, Little Three Eyes? Are you asleep, Little Two Eyes?" So the two eyes of the youngest sister fell asleep, but the third remained awake, because it was not sung to. Three Eyes shut it and pretended to go to sleep, but with the third eye she could see quite well. So when the table appeared and Two Eyes had her meal at it, Three Eyes noticed everything. When the table had vanished Two Eyes woke her sister and said, "You keep watch well. Come, let us go home."

As soon as they reached home, Three Eyes rushed in and told her mother the whole story, adding, "It was lucky that one of my eyes remained awake—now we know why the proud thing does not eat." Then the envious mother cried, "Shall she be better off than we are!" and, fetching a sharp knife, she stuck it into the goat's heart so that it fell down dead.

Full of grief, Little Two Eyes went out again into the meadow, and, sitting on a mound, began to weep bitterly. Suddenly the wise woman stood before her and said, "Why are you crying again, my child?"

"Have I not good reason?" answered the girl. "The goat by whose help I had such good food, when I said your little verse to him, has been killed by my cruel mother; and now I must go hungry and thirsty again."

"Dry your tears," said the old woman, "and I will give you some good advice. Go in and ask your sisters to give you the heart of the dead goat. Then bury it at once in the ground before the house door, and it will bring you good luck."

Then she disappeared, and Two Eyes went into the house and said to her sisters, "Pray give me some part of the goat. I do not ask for any choice meat, give me only the heart."

The others laughed and said, "You can have that, but you won't get anything else." Little Two Eyes took the heart and, unnoticed by her sisters, dug a hole and buried it that evening before the house door, as the wise woman had told her to do.

Next morning when the three sisters went out of the house, there stood a most beautiful tree with leaves of silver, and apples of gold hanging between them. No one guessed how the tree had come there—Two Eyes alone noticed that the roots grew from the spot where she had buried the goat's heart.

Then the mother said to One Eye, "Climb up and gather us some fruit from the tree." The girl climbed up, but when she tried to pluck the golden apples the branch sprang out of her hand, and this happened every time, so she was forced to descend without a single apple.

The mother then called Three Eyes and said, "You climb up, my child; you can see better with your three eyes than your sister with one."

So Three Eyes scrambled up the tree and could see plenty of the lovely golden apples, but when she tried to pick them she had no better luck than her sister—the branches all flew from her grasp, so that she had to come down from the tree empty-handed. At last the mother became impatient and climbed up herself, but had no more success than her two daughters—she only grasped the empty air.

Then Little Two Eyes said, "Let me climb up; perhaps I shall fare better."

"You, with your two eyes," cried the others in scorn; "what can you do?"

But Two Eyes climbed up and the golden apples did not spring away from her, but dropped of themselves into her hand, and she brought down a whole apronful. Her mother and sisters took them away from her, and, instead of behaving better to Two Eyes, they were envious because she alone could get the fruit and treated her more unkindly than ever.

One day, as they stood beneath the tree, a young knight came riding by.

"Quick, Two Eyes," cried the others, "get out of sight as quick as you can," and they pushed her under an empty cask which stood near the tree, and they thrust into it also the golden apples she had just picked.

Now, when the knight dismounted and came near, they could see he was a handsome young Prince; he stopped to admire the wondrous tree and said to the two sisters, "To whom does this fine tree belong? She who gives me a branch of it shall have whatever she wishes."

Then the two unkind sisters answered that the tree was theirs, and they would break off a branch for him. They both gave themselves a great deal of trouble to do so, but it was of no use, for the branches and fruit sprang back from them every time. Then the Prince said, "It is very strange that the tree belongs to you and yet you cannot gather any thing from it."

They still declared that the tree was their property, but as they spoke, Two Eyes rolled some of the golden apples from under the cask, so that they ran to the Prince's feet.

Much astonished, he asked where the apples came from. The maidens answered sulkily that they had another sister, but she could not show herself as she had only two eyes like other common people. The Prince, however, insisted on seeing her, and Two Eyes came out from beneath the cask.

The Prince was struck by her beauty, and said, "Surely you can gather me a branch from this tree."

"Yes," answered Two Eyes, "indeed I can, for the tree belongs to me." And she climbed up and broke off a branch with its silver leaves and golden fruit and handed it to the knight.

Then the Prince said, "What shall I give you for it, pretty maiden."

"I suffer hunger and thirst, sorrow and want, from early morning till late at night," answered Little Two Eyes sadly. "If you would take me away and set me free from my misery, I should be happy and ask no more."

Then the knight lifted Two Eyes on to his white horse and rode home with her to his father's castle. There he bestowed on her fine clothes and gave her good food, and soon he grew to love the pretty gentle maiden, and, with his parents' consent, he married her, and they lived together in great joy and happiness.

Now, when Two Eyes had been carried away by the handsome Prince her sisters were filled with jealousy and anger. "At any rate," said they, "the wonderful apple tree is left for us, and people will come from miles around to admire and praise it, and, perchance, we may now be able to pluck the apples." But lo! the next morning the tree had disappeared altogether, and their hopes were all in vain.

Years passed by, and one day as Two Eyes was standing at her castle gate, two poor women came up to her and begged for alms. She looked at them closely and recognised her sisters, One Eye and Three Eyes, who had fallen into such poverty that they were forced to beg their bread from door to door. Two Eyes bade them welcome, and helped and comforted them. She gave them money and a home, which they accepted with gratitude and repented most sincerely for all the evil they had done to their sister in their youth.

# The Widow and Her Two Daughters

Many years ago there lived a widow, a very good woman, who had two daughters, both very amiable and charming; the elder was named Blanche, and the younger Vermeille. They had been given these names because one had the fairest complexion in the world, and the other had cheeks and lips as red as Vermillion or the finest coral. One day when the good widow was sitting at her spinning-wheel in the doorway of her cottage, she saw coming towards her, upon the highway, a poor old woman, who could hardly manage to drag herself along even with the help of a stick.

"You seem very tired," said the widow to the old woman, "sit down for a while and rest;" and she asked her daughters to fetch a chair. They both got up at once, but Vermeille ran more quickly than her sister, and brought the chair and a cushion with it.

"Will you have something to drink?" said the good woman to the old creature.

"I should be very grateful for it," she replied, "and I

could eat something too, if you can spare me a morsel."

"I will give you the best I can," said the good widow, "but I am poor and so it will not be very much." Then she told her daughters to attend to the old woman, who placed herself at the table; and the kindly hostess bade her elder daughter go and gather some plums from a tree which the girl herself had planted, and of which she was very fond.

Instead of obeying her mother cheerfully, Blanche grumbled and murmured resentfully to herself as she went to the garden: "It was not for this greedy old creature that I took so much care of my plum-tree!" She did not dare to refuse to gather some of the plums, but she brought them back to the cottage with a very bad grace and most unwillingly. "As for you, Vermeille," said the good woman to her young daughter, "you have no fruit to give to this poor soul, for your grapes are not yet ripe."

"That is true, mother," replied Vermeille, "but I can hear my hen clucking; she has just laid an egg, and if our guest would like to eat it warm from the nest, I will give it to her with the greatest pleasure."

Without waiting for the old woman's reply, the good-natured girl ran out to fetch her egg, but at the very moment she was handing it to the stranger, the old woman disappeared, and they saw in her place a beautiful fairy, who said to the mother, "I am going to reward your two daughters according to their deserts; the elder shall become a great Queen, and the younger shall be mistress of a farm!"

Thereupon she struck the floor of the cottage with her stick. At once the walls and the roof seemed to dissolve, the furniture sank into the ground, and the widow and her daughters found themselves standing before a pretty farmhouse.

"Here shall be your lot," said the fairy to Vermeille; "your sister shall soon know hers. I am sure I have given to each of you what she will like best."

From "The Widow and her two Daughters."

The fairy said nothing more, but took her departure, leaving the good widow and the two girls all amazed at what had befallen them. Presently they ventured to go into the farmhouse and were delighted with the neatness of the furniture which they found there. The chairs and bedsteads were indeed made only of wood, but they were so highly polished that the girls could see their reflections in the wood as clearly as in a mirror. The sheets and pillow-cases were of linen white as snow, and the pillows were full of down and scented with lavender. In the fields round the farmyard there were twenty goats and as many sheep, four oxen and four cows; and in the poultry-yard were all kinds of fowls, with ducks and pigeons. An orchard was full of trees laden with ripe fruit, and by the farmhouse was a garden bright with many country flowers.

Blanche saw without envy the gifts which the fairy had

bestowed on her younger sister, for she was quite taken up with the delightful thought of becoming a Queen. Suddenly, she heard the trampling of horses and the voices of a hunting party as they passed by the farm. Running out to the gate she chanced to come there at the moment that the King himself rode by, as he returned from the chase with his attendants. His glance lighted on Blanche, and she appeared so beautiful in his eyes that, after thinking of her all the night, he resolved to make her his wife. So the next day he rode back to the farm, and Blanche readily agreed to become his bride.

Soon after her wedding Queen Blanche sent for her sister Vermeille, and said to her proudly, "I do not wish you to be nothing better than the mistress of a farm; come to court, leaving our mother to take care of the farmhouse, and I will marry you to a great lord."

"I thank you sister," replied Vermeille, who knew Blanche meant the offer kindly, "but I am accustomed to living in the country, and I would prefer to remain there." So she went back most contentedly to her quiet farm.

For the first few months Queen Blanche was so much occupied with her fine dresses and with balls and plays that she thought of nothing else. But then she became accustomed to such things, and they amused her no longer; on the contrary, she grew tired of the gaieties of the court and became very unhappy. All the ladies of the palace paid her great respect but she knew that they did not like her, and that they used to say to one another : "Look at this little peasant girl who puts on the airs and graces of a fine lady. The King had very bad , taste to choose such a wife!" Some of this talk came to the King's ears, and he himself began to think that perhaps he had not done a very wise thing in marrying the widow's daughter. His love for her grew less and less, until at last he neglected her entirely, and passed all his time with the handsomest and most frivolous ladies of the court.

When it became known throughout the Royal household that the King no longer loved his young wife, and in fact did not even care for her at all, the courtiers ceased to pay her any respect. Poor Blanche was very unhappy, for she had not a single real friend to whom she could tell her troubles. She saw that it was the fashion at the court to be unfaithful to one's friends, to appear to love those whom one hated, and to tell falsehoods at every moment. She was obliged to look serious always, because people said that a Queen ought to have a grave and majestic air. The Royal physicians examined whatever she ate, and would not let her have at table any of the things she really liked. They refused to allow salt to be put in her soup; they forbade her to walk when she was inclined to; in a word, she was contradicted from morning till night. She had two children, but she was permitted to see them only very seldom, and they were brought up very badly by governesses, while the Queen was not at liberty to correct them.

The unhappy Queen became more and more disheartened as the years went by, until she was almost dying of disappointment and grief. She grew so thin and pale that at last even the courtiers were moved by pity for her. Since Vermeille had refused to come to live at the court, soon after Blanche's wedding, the Queen had not seen her sister, for she had been persuaded that it would be degrading for a person of her rank to pay a visit to the simple mistress of a farm; but at length, finding herself so overcome with melancholy, Queen Blanche resolved to go to her sister, and pass some days with her in the country, to distract her mind a little. She asked permission from the King, who granted it very readily, because he was quite pleased to get rid for a time of his neglected wife.

The Queen arrived at Vermeille's farm early on a summer evening, and as she approached it she saw a number of shepherds and shepherdesses dancing in a wooded meadow, and amusing themselves with all kinds of pleasant games.

"Alas!" said poor Blanche to herself, with a sigh. "When shall I ever again be able to enjoy myself like these country folk, and have no one to find fault with me?" Then, as soon as she alighted at the gate of the farmyard, her sister ran out and embraced her joyfully, and Vermeille had so contented an air, and was so buxom and comely, that the Queen could not refrain from tears when she looked at her happy sister.

Vermeille had married a young peasant who had no fortune; he was never unmindful of the fact that he owed all he had to his wife, and he sought always by kindness and good temper to show his gratitude to her. Vermeille had only a few servants, but they were as fond of her as if they had been her children, for she treated them so well. All her neighbours also loved her, and each one was anxious to give her proof of it. She had not much money, but she had no need of it; for she obtained from her own land good corn, and olive oil in abundance. Her cows and goats supplied her with milk, with which she made butter and cheese, and she found every day abundance of new-laid eggs. From the wool of her own sheep she spun the yarn that her servants wove into cloth, with which she made garments for herself, her husband, and her two children. They all had perfect health, and in the evening, when the time for work was over, they amused themselves with games, in which the servants and the neighbours joined.

"Alas!" cried the Queen, as she saw and heard of all these things, "the fairy made me an unlucky present in giving me a crown. Happiness is not to be found in the amusements of splendid palaces, but in the simple and healthful occupations of a country life!"

Scarcely had she uttered these words when the fairy appeared before the sisters. "I did not mean to reward you in making you a Queen," she said to Blanche, "but to punish you, because you grudged giving me your plums. In order to be happy you must be like your sister—possess only what is necessary, and wish for nothing more."

"Oh, madam," cried poor Blanche, "you have taken sufficient revenge for my unkindness; put an end to my unhappiness, I beg of you!"

"It is at an end," replied the fairy; "the King loves you no more. He has put you aside and married another wife, and tomorrow his officers will come to order you in his name not to return to the palace."

It happened as the fairy had foretold, and Blanche spent the remainder of her days with her sister Vermeille in peace and contentment. She never thought of the years she had been a Queen except with thankfulness to the fairy who had taught her so hard a lesson, but had brought her back to her quiet village, where life was simple and free from the cares and rivalries which had troubled her so much at court.

# The Tower of Sleep

Once upon a time there was a good and honest man named Aymar. He was a widower, and he lived with his old mother and his only child, a little girl, to whom they were both devoted, and whom they called Belle-Orange, because she was as pretty and sweet as the fruit.

As time went on, Belle-Orange grew prettier and more sensible and clever every day, and the little family lived together most peacefully and in great content. But it chanced that there came to the house one day a lady very elegantly dressed, who asked to see Aymar by himself. She remained with him in a room alone, with the door locked, so long that his mother and Belle-Orange grew uneasy,and at last the old lady, who had another key to the room, went in and was astounded to find no trace of either her son or the stranger. "What could have happened to them?" thought the grandmother, who felt perfectly certain that they could not have left the room and the house without her knowledge. It is true that the window was wide open, but the room was at the top of the house, so she felt sure that her son and the visitor could not possibly have gone out that way. Every corner of the house was searched and the servants were questioned, but no one had seen either Aymar or the lady.

Evening drew on, the night passed and the next day went by without the return of the master of the house; and you may imagine the anxiety of his mother and little daughter.

Several days elapsed, and then one morning, as the grandmother and Belle-Orange were weeping together by the edge of a stream, the old lady exclaimed,"I would give my entire fortune to find out what has become of my son!" A carp, which was swimming down the stream, popped its head out of the water suddenly and said, "My good woman, I do not want your whole fortune, but if you will solemnly swear that never in your lifetime either you or your family will eat a carp, I will tell you where your son now is."

The grandmother and Belle-Orange gladly promised, and the carp continued, "You know that your son is a handsome man and still quite young. A wicked fairy named Rousse saw him and fell in love with him. She came to his house and begged him to marry her, and when he scornfully refused, she carried him away through the window in a chariot drawn by two winged dragons."

"And whither has this wicked fairy taken him?" asked the grandmother anxiously.

"To her own castle, where he is kept a prisoner."

"I will go there at once and——"

"Stop!" cried the carp. "No one may approach the castle save Belle-Orange, and the fairy Rousse, who knows this well, has placed every possible difficulty in her way, should she have the courage to attempt her father's rescue. To begin with, he is shut up in a glass tower called the Tower of Sleep, because all who come near it fall asleep as soon as they catch sight of it; Belle-Orange will need to be very wide awake if she intends to reach the tower. The castle of the fairy Rousse is about two leagues from here at the bottom of the Valley of Mists. I have told you all I may, and now farewell !"

With these words the carp plunged under the water again and disappeared from sight.

The grandmother was terrified at learning that her son was in the power of a malignant fairy, but Belle-Orange, proud to think that she alone could deliver her father, made up her mind to set out at once and attempt his rescue. It was in vain that her grandmother begged and implored her to give up the idea, and said how dreadful it would be were she to lose both her son and her granddaughter. Belle-Orange comforted her, soothed her fears and promised to return every day before sunset and give a full account of all that befell her.

Carrying a stick the young girl started off, asking of everyone she met the way to the Valley of Mists, but all the reply she got from each was, "My child, do not go thither!"

At last an old peasant showed her the path, and she went along an avenue which was to lead her to the enchanted Valley. It was just after midday when she met an old woman who was tottering along carrying on her back a heavy bundle of wood. Belle-Orange, who was of a very kindly disposition, felt sorry for the old woman and said to her, "Good dame, your load is too heavy for you—is your cottage far from here?"

"Not at all far," was the reply, "and I should be very grateful if you would carry part of my bundle for me."

Belle-Orange took half the load, and was so exhausted when she reached the cottage that she sat down and begged for a glass of water. "With pleasure," said the old woman, "come with me."She led the young girl into another room at the back, when suddenly the cottage and the old woman vanished and Belle-Orange found herself in a magnificent room, full of rich furniture and hung round with immense mirrors. Then a young man appeared and said to her, "Forgive me, beautiful maiden, the trick I used to bring you here. I am a genie, who for long has loved you, and I implore you to marry me!"

Belle-Orange was much astonished at these words, and answered that at present her only thought was to rescue her father. The genie told her this was impossible. Then a dainty meal was brought to her, but as twilight came on Belle-

Orange, mindful of her promise to return before sunset, begged the genie to allow her to depart. He tried to prevent her and the girl, growing alarmed, cried out, “Oh, my father, my father, my poor father!”

The maiden did not know that whenever she called her father three times, any enchantment that beset her would be destroyed; but it was so. The palace. and genie disappeared, and Belle-Orange found herself at the very spot where she had first met the treacherous old woman. She hastened home and told her grandmother of her adventure, which both believed to be a trick of the fairy Rousse.

Next day Belle-Orange resolutely started out again. Before midday she came to the Valley of Mists, which was full of a thick fog, so that she could not see her hand before her. This was another device of the fairy to prevent her from recognising the Tower of Sleep, where her father was a captive. But though she could not see it Belle-Orange soon felt the influence of the magic tower. Several people who had incautiously approached too near it yawned, rubbed their eyes, and then fell down asleep.

“This will never do,” she said to herself; “if I fall asleep like these folk I shall never see my father again. I will go home now and think of some way to keep myself awake when I come to-morrow.”So she returned to her grandmother, who was delighted to have her safely back.

The next morning Belle-Orange sewed a number of sheep-bells on to her dress and her shoes so that their noise might prevent her from falling asleep. She took in her hand two wooden clappers to knock against each other, and thus equipped she hastened once again to the Valley of Mists. All those who met her marvelled at the sight, and cried out, "Come and see the little bell-ringer!"

When she entered the valley she struck the clappers together, and this and the noise of the bells kept her awake. So at length she arrived at the foot of the tower. In a small room made of clear crystal at its summit Belle-Orange caught sight of her father. She saw the fairy Rousse enter the room and offer him jewels and other treasures, but Aymar scornfully rejected them. The fairy then came to the window and showed him that his daughter was watching below, and seemed to threaten to kill her. Aymar made signs to Belle-Orange to go away at once, and, as it was growing dusk, the maiden kissed her hand to him many times and then hastened back to her grandmother, who was overjoyed to hear that her son was alive.

On the fourth day as she went to the tower a fresh adventure befell Belle-Orange. She noticed a lovely boy of about her own age playing at the edge of a deep well; suddenly he lost his footing and fell in. Belle-Orange quickly let down the large bucket fastened to the chain over the well, and fortunately was able to draw up the boy quite unharmed. He thanked his rescuer earnestly, told her his name was Tiged'Amour (Branch of Love), and begged her to go with him to his mother, who was a fairy and would richly reward his kind helper.

Belle-Orange wanted no reward, but she had taken a great liking for the handsome boy and gladly went with him. They came to a fine house where they were met by a lady of exceeding beauty. She kissed the young girl and said, "I know who you are, and I know also that the best proof of my gratitude would be to set your father free, but unhappily that is not in my power. I may not interfere with the fairy Rousse without incurring the anger of all the other fairies. Still, I can give you the means of speaking to the noble Aymar."

"Ah, madam," said Belle-Orange eagerly, "if you would only change me into a little bird, I could fly to my father's window and speak to him."

The fairy then transformed her into a swallow and promised to change her back to her own form as she returned home. The swallow flew at once to the small window of the crystal room. "Father, father," she cried.

"Who is calling me?"

"A little swallow, but I am your daughter."

"Alas! the cruel fairy has changed you into a bird!"

"No, dear father, a friend of mine has done this kindness

for me, so that I could come to you."

Aymar went eagerly to the tower window and kissed the pretty creature on its beak. Then they talked long together, and at sunset Belle-Orange flew back to the kind fairy, took her own form again and hastened to her grandmother, to whom she told her story.

Thereafter Belle-Orange went daily to her father, stopping each time at the good fairy's house to be changed into a swallow, and on her way back to be turned again into her human form. But one day as father and daughter were talking earnestly together, the fairy Rousse entered the tower unnoticed by them and cried, "Ho! ho! pretty little bell-ringer, so you have turned yourself into a bird to deceive me. You shall die!" Seizing some stones she threw them at the poor bird, who flew away in terror.

Aymar seized Rousse's arm and begged her to spare his child, but the infuriated fairy would not listen and sent one of her winged dragons after the poor little creature. It seemed as if nothing could save Belle-Orange, for the fearsome monster had already overtaken her, when suddenly she cried out, "Father, father, save me, dear father!"

At these words the magic spell was once more broken, and the dragon fell lifeless to the ground. The cruel Rousse hastily fetched a gun and aimed at the bird, who had sought refuge in a tree, but the brave little swallow flew down, picked up a heavy stone in her beak and, flying over the tower, dropped the stone, which shattered the glass walls.

At once the entire enchantment was destroyed and the good fairy, the mother of Tige d'Amour, flew down in her golden chariot and carried Aymar away in it to her own house. The swallow followed the car as quickly as she could, leaving the malicious fairy to build up her glass tower as best she might.

Tige d'Amour received Aymar and Belle-Orange, now trans-formed into a young girl again, with the greatest pleasure, and entertained them as welcome guests, while his mother flew in her car to the great council of the fairies to plead the cause of her friends against their enemy. Meanwhile Tige d'Amour sent a messenger with a dromedary to fetch the grandmother, who wept with joy at being once again with her beloved son.

At the end of two days the good fairy returned. "I have been more successful than I had dared to hope," said she. "I pleaded to the council of fairies that magic power had been given to us to do good to human beings and not to torment them, and showed how Rousse had tried to punish a young girl merely for her devotion to her father. I related all the adventures of Belle-Orange, her patience, her faithfulness and the risks she had incurred to find her father, and I won the sympathy of all. The fairy Rousse was justly rebuked; and to you, Aymar, I bring the Mask of

Virtue. Should your enemy persecute you again, put on this mask and she will flee, for wickedness dreads nothing so much as steadfast goodness.

"Return now to your own home and know that my fondest wish for my son is that he may one day become the husband of this sweet and faithful girl."

# Finette Cendron

There once lived a King and a Queen who managed their affairs so badly, that at last they were driven out of their kingdom by a powerful neighbouring monarch. Gradually they had to sell first their crowns and jewels, then their fine clothes and their furniture, till at last they were stripped of nearly everything they possessed. Then the King said to the Queen, "We are exiles from our country and have nothing left to live on; we must do something to get a living for ourselves and our poor children. Think what we shall do, for I know no trade but that of a King."

The Queen considered for a time, and said, "We need not be miserable. All you have to do is to make nets to catch birds and fish, and when the lines wear out I will spin new ones. As for our daughters, they are lazy girls, who still think themselves fine ladies and would fain live as such without doing any work. They must be sent away so far that it will be impossible for them to find their way back again, for we can never support them as well as ourselves."

The King, who was a kind father, began to weep, but the Queen was determined, and he had to agree to her proposal that the three girls should be taken away early the next morning. Princess Finette, the youngest daughter, had, however, been listening at the keyhole whilst her father and mother talked together, and she resolved to go at once to a grotto a long way from her home, where lived the Fairy Merluche, her godmother.

Finette took with her some fresh butter, eggs, milk and flour to make a nice cake for her godmother, thinking to please her. She started off in good spirits, but the journey was long and she grew tired. The soles of her shoes were quite worn through, and at last she sat down on the grass and began to cry. Just then a beautiful horse came by, saddled and bridled, and when he saw the Princess he stopped. "Pretty creature," said she, taking hold of the bridle, "will you carry me to my godmother, the fairy? I should be so grateful if you will, for I am too weary to go further."The horse bent down almost to the ground, and Finette sprang on to the saddle, whereupon he galloped off with her. He stopped at the entrance to the grotto as if he had known where he was to go, as indeed he did, for it was Merluche herself who had sent the gallant steed.

When Finette saw the fairy she made three low curtseys and said, "Good day, godmother, how are you? I have brought some butter, milk, flour and eggs to make a nice cake for you."

"Welcome, Finette," said the fairy graciously, and kissed her. "Now, my child," continued Merluche, "I know quite well what brings you here. You overheard the King and Queen consulting how they might lose you, and you would escape this misfortune. Well, you have only to take this skein of thread; it will never break. Fasten one end to the door of your house and keep the other in your hand. When the Queen leaves you, you will easily find your way back by following the thread."

The Princess thanked her godmother, who gave her a bag full of fine dresses all embroidered with gold and silver. Then she mounted Finette again on her beautiful horse, and in a very few minutes he carried the maiden back to her parents'dwelling. Finette entered quietly, and, hiding the bag under her pillow, went to bed as if nothing had happened.

At daybreak the King awakened his wife, who got up at once and called her three daughters to her. The eldest was named Fleur d'Amour (Flower of Love), the second Belle de Nuit (Beauty of Night), and the youngest Fine Oreille (Keen Ear), but she was usually called Finette. The two elder girls were very vain of their good looks, and both cruel and lazy into the bargain. "I have been thinking," said the Queen, "that we ought to go and visit my sister-she will entertain us and feast us well." The three sisters said they were quite willing, so, taking leave of the King, the mother and daughters set out together. They walked so many miles that Finette was afraid her thread would not be long enough, but it held out. When the Queen believed that her daughters could not find the way back, she took them into a wood and bade them rest and sleep while she kept watch. Then when she thought they were all asleep, she left them and hastened home.

Though Finette had shut her eyes, she was quite wide awake. "If I were an ill-natured girl," she thought, "I should go home and leave my sisters here to die, for they beat and scratch me most cruelly, but I will not desert them."So she awoke them and told them the whole story. The two elder girls began to weep and promised to give Finette all their trinkets and jewels if only she would guide them back. "I am quite sure you will do no such thing," said Finette, "but I will help you for all that."And getting up she showed them the thread, which they all followed so easily that they reached home almost as soon as the Queen.

When they were at their own door they overheard the King say, "I wish you had brought Finette home with you; then I might have consoled myself for the loss of the others, for they loved nothing and nobody but themselves."These words so greatly enraged Fleur d'Amour and Belle de Nuit, that they secretly resolved to pay Finette out for being their father's favourite. The Queen was astonished, but pretended to be delighted, at seeing her daughters again, gave them some supper, and sent them to bed. "Now, sisters," said Finette, "give me the presents you promised me."

"This is all you will get from us," shrieked the angry Princesses, and they seized their distaffs and beat her till she was black and blue. Then they went to bed, but poor Finette could not sleep, and she overheard the Queen say to the King,

"I will take them in another direction and much further away. I am sure that then they will never return."

When Finette heard this plan, she got up very quickly to go to visit her godmother again. She took with her a present of two hens and two little rabbits, and set out. She had not gone far when the same fine horse overtook her; she mounted it and was very soon at her godmother's house.

She gave the fairy her present and begged for her help once more. Merluche bade her goddaughter be of good cheer, and gave her a sack full of ashes. "Carry this in front of you," said she, "and shake it as you go. You will walk on the ashes, and when you want to return, you need only look for your footprints. But do not take your sisters back; they are too wicked, and if you disobey me I will certainly not help you again."

Finette then went home, carrying besides the sack a little box, which was also a present from the fairy and contained over a thousand diamonds.

The next morning the Queen told her three daughters to go with her to gather herbs. The little party set out, but Finette kept behind the others, shaking out hersack of ashes as she went. At dusk the three Princesses were so tired that they fell fast asleep, so the Queen slipped away and returned home.

When daylight came Finette awoke her sisters, who began to cry bitterly at finding themselves again deserted. Finette, who was the best-natured girl in the world, took pity once more on her sisters, and, in spite of her godmother's commands, helped them to find the way home again.

The King and Queen were very much puzzled, and the next night devised a fresh plan for getting rid of their children. Finette again overheard what they were saying and ran to tell the others. "Alas!" said she, "we are lost. The Queen is determined to take us to some desert place and leave us there. I have offended my godmother and dare not ask for her help again."They were all silent for a time, and then Belle de Nuit said, "Fairy Merluche is not the only clever person in the world. All we need do is to take plenty of peas with us and drop them all along the road as we go, and we shall be sure to trace our way back."

Fleur d'Amour thought this a capital plan, so they both filled their pockets with peas. But instead of peas, Finette took her bag of pretty clothes and the little box of diamonds, and as soon as the Queen called them they were quite ready.

This time the Queen travelled further than ever before; and during one dark night she deserted her daughters and reached home very weary, but very glad to have got rid of her children.

The Princesses slept till late in the morning, and when they awoke, Finette was this time the most alarmed, since she could not rely on her godmother's help, and had not much confidence in the cleverness of her sisters. Sure enough, when they tried to retrace their steps, not a sign could be found. There are immense flocks of pigeons in that country, and they had eaten up all the peas.

The Princesses wandered about in grief and terror, and

for two whole days they were without food. At length Finette found a solitary acorn, and the others eachwanted to have it. “One acorn will not go far amongst three of us,” said Finette, “let us plant it; perchance a tree may grow from it for our use, for there are none in this country.” The others consented, and they were fortunate enough at last to find some cabbages and lettuces on which they lived for a time.

They slept under the stars and every morning and evening they took it in turns to water the acorn, saying, “Grow, grow, pretty acorn!” and it began to grow rapidly. When the tree had become of some size, Fleur d’Amour tried to climb it, but it was not strong enough to bear her, and the same thing happened to Belle de Nuit. Finette, being lighter, managed to climb up, and the others asked her: “Do you see nothing, sister?”

“No, I see nothing,” she answered.

“That is because the oak is not high enough,” said Fleur d’Amour, and they went on watering it.

Finette always climbed up twice a day, and one morning when she was up in the tree her sisters found the bag containing her beautiful dresses, and also her box of diamonds. “Let us take the jewels,” cried Belle de Nuit, “and put small stones in their place.”This they did, and Finette did not notice the theft; her one thought was of the oak, which was growing to be the finest ever seen.

One day when Finette was up high in the branches, she exclaimed, “I see a large house so beautiful that I can hardly describe it to you; the walls are of emeralds and rubies, the roof is of diamonds, and it is all covered with golden bells." The others climbed up to look, and were so dazzled by the sight that they determined to go thither. "Perchance," said they, "we shall find handsome Princes there, who will be only too happy to marry us."All the evening they spoke of nothing but their plan, and when the youngest Princess was asleep her two unkind sisters got up and dressed themselves in the lovely gold and silver gowns and decked themselves with the diamonds which they had taken from Finette's bag.

Not knowing that her sisters had robbed her, Finette went to her bag when she awoke, and was in great distress at finding nothing but pebbles in it. Then she caught sight of her sisters tricked out in her dresses and reproached them, but they only mocked her.

"But the dresses are mine," protested the poor girl; "my godmother gave them to me-you have no claim to them."

"If you speak another word," they said, "we shall kill you and bury you here, and nobody will know anything about it."

Finette did not dare to provoke her cruel sisters and followed them meekly, walking behind as if she had been their servant.

The nearer they came to the house, the more wonderful it seemed. "We shall dine at the King's table," said the eldest sister, "but Finette will have to wash the dishes in the kitchen, for she looks like a scullery-maid, and we must take care not to say she is our sister."Finette, who was both clever and pretty, was in great distress at such ill-treatment.

They knocked at the door, which was opened by a hideous old ogress about fifteen feet high. She had only one eye and her mouth was so enormous that it terrified all who beheld her.

"You wretched girls," said she, "what brings you here? This is an ogre's castle, and all three of you would scarcely make him a breakfast. But I am more good-natured than my husband and shall not eat you all at once."So saying, she seized them in her huge arms and thrust them into a dark cellar. Then she went to fetch oil and vinegar to make them into a salad, but, hearing the ogre's footsteps and thinking the Princesses so white and delicate that she would like to eat them all to herself, she hastily put them under a large tub in the kitchen.

The ogre was six times as tall and ugly as his wife, and when he spoke the house shook. The Princesses peeped through a little hole in the tub and trembled with fear. They were afraid to cry aloud, but whispered to one another, "He will eat us all alive—how can we escape?"

As soon as the ogre entered the kitchen he said to his wife, "I smell fresh meat; give me some."

"It is only some sheep that have just gone by," said the ogress.

"I make no mistake," cried the ogre. "I smell fresh meat for certain, and if I find you are hiding anything from me, I will cut off your head."

Terrified at this threat the ogress replied, "Be not angry, dear husband, and I will tell you the truth. Three young girls came here to-day, but it would be a pity to eat them, for they know how to do everything. I am old and want rest; our fine house is dirty, our bread badly baked and our soup tasteless. These girls will be my servants, so I beg of you not to eat them just now. If you wish to do so some other day, they will always be in your power."

The ogre was very reluctant to promise that he would not eat the maidens up at once, but after a long dispute he promised to leave them for a while, and the ogress thought to herself, "When my husband goes hunting I will eat them and tell him they have run away."

The Princesses, nearly dead with fright, were brought out before the ogre and he asked them what they could do. They answered they could sweep, sew and spin perfectly, and could make the most delicious cakes and pies. The ogre was hungry and wanted them to set to work immediately. "But," said he, turning to Finette, "when you have lit the fire, how do you know when the oven is hot enough?"

"My lord," she replied, "I throw some butter in and then taste it with my tongue."

"Very well," said he, "light the fire then."

Finette made a huge fire, which blazed like a furnace, and then threw an enormous piece of butter into the oven and said to the ogre, who was standing by—

"It should be tasted with the tongue, but I am too short to reach it."

"I am tall enough," said the ogre, and, bending down, he thrust his body so far into the oven that he could not draw back again, and was burnt to the bones. When the ogress came to the oven, she was astounded to find instead of her husband a mountain of cinders.

The three sisters consoled her by saying she would easily find a king or marquis to marry her, and then Finette added—

"Let us dress you and arrange your hair, and then you will look beautiful."

"Very well," said the ogress, "let me see what you can do; but if I find any ladies more beautiful than myself I will make you into the most finely-chopped mincemeat."

Thereupon the three Princesses took off her cap and began to comb and curl her hair, talking to her all the while. Then Finette took a hatchet and struck her such a blow from behind that her head fell from her shoulders. The Princesses were delighted and hastened to explore the house, which was richly furnished and full of treasures. The two elder sisters slept in beds hung with brocade and they said to each other, "We are richer here than our father was in his kingdom, but no one will come near us since it is not known that the ogre and his wife are dead. We must go to the nearest town to show ourselves off in our handsome clothes and it will not be long before we find honest merchants, who will be glad enough to wed with Princesses."

As soon as Fleur d'Amour and Belle de Nuit were dressed next morning they set out, but they made Finette stay at home to sweep and clean the house. "How unhappy I am," cried the poor girl. "If only I had not disobeyed my godmother, none of this trouble would have come upon me!"

The sisters remained away until very late, and returned in great excitement.

"We have been to a grand ball," they said. "The King's son was there and we were greatly admired."

And so every day the two cruel sisters went out to enjoy themselves, leaving Finette to do all the work of the house and giving her nothing in return.

One evening when Finette was sitting near the fire, she found in a crevice of the chimney a little key, so old and rusty that she had hard work to clean it. Polishing it carefully she discovered it was made of gold, and she searched the house from attic to cellar till at length she found a casket which the key fitted. To her delight the casket was full of lovely dresses, jewels and fine linen; in the best of these she quickly arrayed herself, and then hastened to the ball where her sisters were dancing. At the entrance the lackeys asked her name and she answered"Cendron"(or "cinder girl"), because of her humble work in the kitchen. She looked so charming and danced so gracefully that she won the admiration of everybody present—even of her sisters, who did not recognise her at all. Before the ball was over Finette set off quickly, reached home and put on her rags again.

"It has been the most delightful ball," cried the sisters when they came home. "The most beautiful Princess was there, who spoke to us very graciously."

Finette said nothing, but the next night she put on another fine gown and went again to the ball, and so it went on, for the casket was an enchanted one and the more you took from it the more there was in it.

One evening Finette had danced later than usual, and, being anxious to reach home before her sisters, she walked so fast that she lost one of her slippers, which was of red velvet embroidered with pearls. The next day, Prince Chéri, the King's eldest son, chanced to find the slipper as he was out hunting. He picked it up, kissed it, and vowed that he would marry no one but the lady who could wear it. The King, his father, was very much surprised, but, sooner than disappoint his son, he ordered a proclamation to be made that all the ladies in the kingdom should come to court and try on the slipper, and that she whom it fitted should be the Prince's bride. Being a fairy slipper it fitted nobody but its rightful wearer, but this no one knew, and crowds of ladies, young and old, went to try their chance.

One day Fleur d'Amour and Belle de Nuit dressed themselves very magnificently and told Finette to stay and mind the house, for they were going to the Royal court to try on the slipper which the King's son had found. When they had gone, Finette arrayed herself in a gown of white satin powdered with diamond stars, but she was greatly perplexed, for she did not know the way to the great city where the King had his palace. But when she opened the door, there stood the beautiful horse which had carried her to her god-mother's dwelling. She mounted, and the horse trotted along to the sound of golden bells which were fastened to the saddle. The two wicked sisters, who were toiling along in the mud, hearing the sound looked round and saw, to their great amazement, a beautiful lady, who was both Finette and the Princess Cendron. They cried out to her, but Finette rode past quickly and so close to them that their fine dresses were bespattered by her horse's hoofs, and their faces splashed with mud.

Angry and disappointed they continued their journey, and arrived at the palace just in time to see their sister put on the slipper, and also the fellow one to it, for this she had brought with her.

The King and Queen begged Cendron to consent to the marriage taking place immediately. "No," she said, "I must first tell you my story." And when they heard she was born a Princess they were overjoyed. Further, it was discovered that they were the sovereigns who had conquered the kingdom of her father and mother. Finette declared she would not marry the Prince until they had restored her father's possessions, and this they readily promised to do.

Finette then caught sight of her sisters, and, instead of

punishing them as they deserved, she kissed them and said to the Queen, “Madam, these are my sisters to whom I am very much devoted; and I beg that you will love them too.” Then she promised they should return to their own kingdom which the Prince would restore to their family. At these words they threw themselves on their knees before their kind-hearted sister and begged her forgiveness.

Finette then wrote to her godmother, and put the letter, together with magnificent presents, on the gallant steed, which returned at once to its mistress. The Fairy Merluche went straightway to Finette’s parents and told them of their daughter’s good fortune, and that, thanks to her, they themselves might return and take possession of their kingdom. Thither the exiled King and Queen joyfully hastened, taking with them their two elder daughters, who were married shortly afterwards to two rich noblemen.

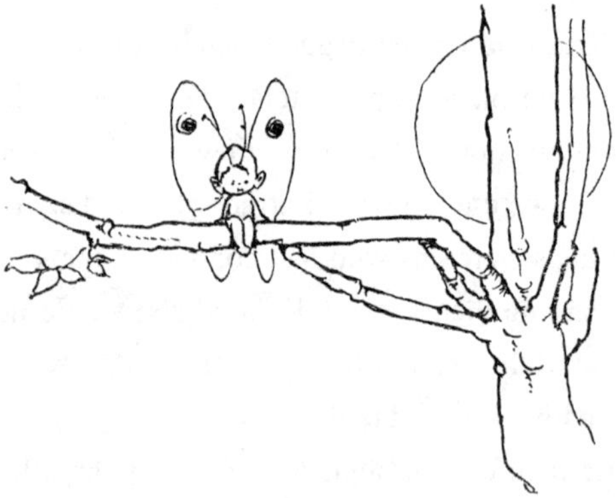

# The Clever Princess

In the time of the First Crusades, a certain King in Europe resolved to take part in the war against the Saracens. But before he started on so long a journey he put his kingdom into good order and appointed a very able minister as regent, so that he was quite easy in his mind on that account. But he was very disquieted about the care of his family, for his Queen had died not long before, and left him with three daughters who were now old enough to be married. The eldest of these Princesses was nicknamed Drona, because she was so idle; the second Pratilia, because she was so talkative; and the youngest Finetta, because she was so sensible and discreet.

Never was any person so indolent as Drona; she did not get up till one o'clock in the afternoon, and then she appeared most untidily dressed and often wearing shoes that did not match. After dinner she would sit down and rest till supper, and then she was so long undressing that she never went to bed till after midnight. Pratilia led quite a different kind of life—she was very brisk and active in her movements and wasted little time in eating or in dressing herself up. But she was so talkative that from the moment she awoke till the time she fell asleep again her mouth was never shut. She did not care with whom she talked—servants, tradespeople or friends, it was all the same to her so long as she could gossip. Like Drona she never employed herself in reading or working; she never troubled about household matters or the affairs of her country. In short, these two sisters lived in perfect idleness, using neither their brains nor their fingers.

The youngest of the three Princesses was of an altogether different character. She danced, sang and played to perfection; she was skilled in all kinds of needlework, and managed the King's household so well that she was never robbed nor cheated. Nor was that all; she had such good sense and judgment that the King, her father, often consulted her on affairs of State and her advice was always good. The King loved her far more than his other daughters, and was so sure of her good sense that, if she had been his only child, he would have gone on his journey without any uneasiness. But he distrusted his other daughters so much that he took the measures I am now going to relate.

In those days of long ago the Fairies still possessed great power, and one among them was an old friend of the King, so he went to seek advice in his difficulty.

"It is not," said he, "that the two eldest about whom I am uneasy have ever done the least thing contrary to their duty; but they have so little sense, are so imprudent, and live so very idly, that I fear in my absence they will behave foolishly.

I have no fear for Finetta, but I must treat all three alike, so that there may be no jealousy between them. Therefore, wise fairy, I desire you to make for my daughters three glass distaffs with such art, that each of them may break so soon as she to whom it belongs does anything indiscreet."

The fairy at once made for the King the three enchanted distaffs, but he was not content with this precaution. He caused a high tower to be built in a lonely and deserted spot. He told his daughters that they were to live in the tower during his absence, and charged them not to admit there any person whatsoever. Then he gave to the three girls the distaffs, of whose magic nature he warned them; he sent away the servants, locked the door of the tower and departed on his journey, taking the key with him.

You will perhaps think that the Princesses were now in danger of perishing from hunger. Not at all; care had been taken to fix a pulley to one of the windows of the tower; a rope was run through it and a large basket attached, which the Princesses lowered to the ground each day. Provisions were put into this basket, which could thus easily be drawn up and let down.

Drona and Pratilia were filled with despair at the life they were obliged to lead; the eldest Princess hated having to do her own housework and cooking, while the second fretted because she had no one to talk to but her sisters; but both were forced to have patience, for they had been told that the least wrong-doing on their part would cause their distaffs to break. As for Finetta, she was not in the least out of humour; her spindle, needle and music gave her sufficient occupation, and, besides, letters were put into the basket every day, informing the Princesses of whatever went on in the kingdom or in other lands. Finetta read all this news eagerly, but her two sisters would take no interest in it and only grumbled at their hard fortune. They spent most of their time at the windows of the tower, that they might at least see what was passing in the country round.

One day when Finetta was busy in her own room with some embroidery, her sisters saw at the foot of the tower a poor woman clothed in rags and tatters. With tears in her eyes she bewailed her unhappy lot, and implored the Princesses to admit her into the castle, saying that she could do all kinds of housework and would be a most faithful servant. At first the sisters hesitated to disobey their father's orders, but Drona was so weary of waiting on herself, and Pratilia was so anxious to have some one fresh to talk to, that they resolved to let this stranger in.

"Do you think," said Pratilia to her sister, "that the King's order applies to this poor woman?"

"Do what you please, sister," said Drona.

Then Pratilia immediately lowered the basket; the poor woman got into it, and the Princesses drew her up by means of the pulley. As the two sisters were talking to her,

Finetta came into the room, and was greatly surprised to see a stranger there. She thought her sisters had done an imprudent thing, but knew it was too late to interfere. The old woman then went all over the castle under pretence of doing her work, but really to find out all the secrets of the Princesses'abode.

Now, I must tell you that this old woman was in reality the eldest son of a powerful neighbouring King. He was so malicious and cunning that the people of his country had given him the name of *Rich-in-Craft*, which had been shortened to Richcraft. His younger brother, however, possessed as many good qualities as Richcraft did evil ones, and was moreover so handsome and graceful that he was called Bel-*à*-voir, which means"handsome to behold."Although the two brothers differed so much in character, there was such a close friendship between them that everybody wondered at it.

Richcraft had once tried to get the better of the Princesses'father, but he had been outwitted by Finetta's clever advice. Ever since then Richcraft had waited for revenge, and now hearing of the King's departure and the precautions he had taken, the Prince had determined to gain entrance to the castle and manage to make the Princesses break their distaffs, for he knew that this would bring on them their father's wrath.

The evening of the pretended old woman's arrival, Finetta and Pratilia had gone to their rooms, but Drona, who always hated exerting herself, was still sitting at the supper table when Richcraft came in, and, casting aside his ragged clothes, showed himself dressed in rich apparel all covered with gold and jewels. The wicked Prince threw himself at Drona's feet and declared that he had seen her picture at his father's court, and had been so struck by her beauty and charm, that he had resolved to seek her out and persuade her to fly with him. In his own kingdom they would be married, so she need stay no longer in this gloomy castle, where he grieved to see her doing her own housework and deprived of every luxury.

Drona knew quite well that she ought not to listen to this flattery from a stranger, but she was too lazy to argue, and consented to go with him. They went to the window and were about to descend in the basket when a loud crack was heard, and looking round the Princess saw that her glass distaff was broken to pieces. Too late, Drona saw how foolish she had been, and bursting into tears she hastened away to her own room.

Richcraft was delighted at the success of his cunning, and thought he might be equally successful with the other sisters. He wandered round the castle, and soon heard Pratilia, who could never keep quiet for long, talking aloud to herself. Richcraft looked through the keyhole and saw the Princess conversing with her own image in the looking-glass. He at once began to talk to her through the door, telling her (as he had told her elder sister) how he had seen her portrait and had fallen deeply in love with her. Pratilia was easily persuaded to open the door and talk to the Prince, who begged her to fly with him at once to his father's kingdom, where their marriage could take place. He said it was a shame that a young and lovely Princess, who could talk so well and fluently on any subject, should remain shut up in this gloomy prison without any pleasant company. Then he led her to the window where the basket was fastened, and persuaded her to step into it so that he could lower her to the ground. At that moment a crash was heard, and Pratilia saw her glass distaff lying shattered in a thousand fragments.

Terrified at the thought of her father's anger, Pratilia rushed from the sight of the wicked Prince, and Richcraft, overjoyed at his success, determined to trick the youngest sister in the same manner. He searched all the rooms in the castle and at length found one the door of which was locked on the inside; this he guessed must belong to Finetta, so he knocked at the door and begged her to come out and speak to him, saying that he was a great friend and ally of the King, her father. Finetta answered that whoever he might be he had no business inside the castle, but he might go into the garden and she would talk to him from her window. She did not intend to trust the stranger, and as she wondered how she could get rid of him she caught sight of her glass distaff, which had twisted itself round and was now pointing to a certain spot in the floor of her room. Looking more closely, Finetta saw that there was a trap-door in the floor, and lifting it up she found that it covered a deep hole which went right down to the castle dungeon. She shut the trap-door again but left it unbolted, and going to the window spoke to Richcraft, saying, "I have changed my mind; it would hardly be courteous to speak with my father's friend through my window. I therefore beg you will enter the castle again and I will admit you to my apartments."

The Prince hastened up the stairs and rushed into Finetta's room, but the instant he set foot on the trap-door it gave way and he fell to the very bottom of the castle. He was sorely bruised and battered, and passed the night most uncomfortably on the damp stone floor of the dungeon.

When day broke he saw a gleam of light coming through a large drain-hole in the corner of the wall. It was just wide enough for him to crawl through, and at length he found that the drain ran into a small river some distance from the castle. In sorry plight he was rescued by some fishermen and taken to his father's court. Here he spent some days devising plans to outwit the prudent Princess, and at last he hit on a crafty scheme.

He caused some trees laden with ripe fruit to be planted in great tubs, which were placed one night beneath the windows of the tower. Drona and Pratilia, who were constantly at the windows, soon saw the fruit next day, and, being very greedy yet very lazy, begged Finetta to go down and gather some. Finetta hesitated, but she was very obliging and always ready to wait on her sisters, so she did as they wished and brought up the fruit which they ate greedily. The next day there appeared fruits of other kinds. This was a fresh temptation to the two elder Princesses, and again they begged Finetta to fetch some of the fruit for them. But this time Richcraft's servants who were in hiding near by rushed out, seized Finetta and carried her off, to her sisters'grief and dismay.

Richcraft's guards bore Finetta to the summit of a high mountain, where the wicked Prince awaited her. He told her that she was to be put to death, and in such a manner as would fully revenge the injuries she had done to him. Then he showed to Finetta a barrel stuck all round inside with sharp spikes, and told her that in order to give her the punishment she deserved, he would have her placed in the barrel and rolled down from the top of the mountain to the valley below.

The young Princess showed no dismay at the terrible fate in store for her, and Richcraft grew so enraged at her courage that he resolved to hasten her death. He stooped down to look into the barrel to see that the spikes were sharp and numerous enough, but suddenly Finetta gave him a dexterous push so that he fell into the barrel, which overturned and rolled down the mountain side. Then she ran quickly away, and the Prince's attendants, who had witnessed the cruelty of their master to the charming Princess, made not the least attempt to pursue her. So letting her go unmolested they hastened down the mountain to rescue the Prince, who was not dead but sorely wounded.

This accident to Prince Richcraft caused great grief to his father and brother, Prince Belavoir, but the people of the country were not at all troubled about it, for they hated Richcraft and were surprised that the younger Prince, who was so good and noble-minded, could love his unworthy elder brother.

All the chief physicians in the country were sent for, but none of them could do Richcraft any good; on the contrary, his wounds seemed every day to grow worse, and there appeared to be no hope of his recovery.

After Finetta had escaped from the danger she returned safely to the castle where she had left her sisters, and then they passed the time quietly together anxiously awaiting their father's return. They knew how angry he would be at finding two of the distaffs broken, and alas! there was nothing they could do to remedy the disobedience of the two elder Princesses.

In the meantime, Richcraft grew worse daily, but he still hoped to be revenged on Finetta, and for this purpose he sent for his brother Belavoir and said to him,"Brother, I am dying; I know how dearly you love me, so I entreat you not to refuse this last favour which I am about to ask you."Belavoir swore that he would grant Richcraft any favour he might ask, and the wicked Prince embraced his brother and continued, "I die contented, since I am to be revenged. I beg of you to ask the Princess Finetta's hand in marriage immediately after my death, and the moment you have her in your power you must stab her through the heart with your sword."

The wicked Richcraft then breathed his last, and Belavoir though horrified at what he had been asked to do, yet felt he dared not break his promise.

Finetta soon learned of Richcraft's death, and not long after news came to the three Princesses that the King, their father, was on his homeward way. He hastened to the tower and asked at once to see the magic distaffs. Drona left the room and soon returned with the distaff that belonged to Finetta. She showed it to the King, and then, making a low curtsey, carried it back to the place whence she had taken it. Pratilia, being asked for her distaff, also went out and brought the same one, and then returned it to its place; and Finetta, in her turn, also brought it.

But the King, who was very suspicious, had a mind to see all three together. No one could show hers but Finetta, and the King flew into such a rage against his two eldest daughters that he sent them away at once to the fairy from whom he had received the distaffs, desiring her to keep Drona and Pratilia with her as long as they lived, and to punish them in accordance with their faults. The fairy told the sisters very gravely that idleness and disobedience were the cause of all their misfortunes, and she added, "To prevent you from falling into your idle ways again I will give you sufficient work to do."So to begin with she sent them into the garden to pick peas and pull up weeds, while in the house she made them do all the hardest drudgery. Drona fell into such despair at being obliged to lead so distasteful a life that at last she died of fatigue and vexation. Pratilia managed to make her escape from the fairy's castle, and, fearing to return to her father's court, she dressed as a peasant woman and went to live in the country. Here she fell in with a deaf man whom she married; and she was thereafter quite content, for she could talk to him from morning till night without waiting for a reply!

Kind-hearted Finetta grieved at the loss of her sisters, but in the midst of her trouble she was informed that Prince Belavoir had asked her hand in marriage from the King, her father, who had given his consent, for in those days it was not considered necessary to consult the lady's wishes in such a matter. Finetta trembled at the news, for she feared lest Richcraft, who had hated her so bitterly, had persuaded his younger brother to seek her in marriage for some evil purpose. In her perplexity she went to consult the wise fairy, who loved her as much as she had despised Drona and Pratilia.

The fairy would reveal nothing to Finetta; she only said to her, "Princess, you are prudent and discreet. Continue to be so, and to trust no one till you have proof of their good intentions towards you. Remember this and you will have no need of my help." Finetta, being unable to obtain any further advice from the fairy, returned to the palace in great perplexity.

Some days later Belavoir sent an ambassador to conduct the Princess to his kingdom, and came himself as far as the frontier town to meet her. All his subjects were surprised at the sadness of the Prince at his approaching marriage, especially when they saw for themselves the charm and beauty of the young bride.

Now, though Finetta was very favourably impressed with the handsome but melancholy young Prince, she resolved to follow the fairy's advice, and to place no trust in him till he had been put to the proof. So that evening she made a figure of straw, dressed it in some of her clothes and laid it on her bed, while she herself hid behind the curtains of her room. Hardly had she done so when Prince Belavoir entered with a drawn sword in his hand, and ran it through what he supposed to be the body of his bride. Then, resolved that his own death should be the penalty for the fulfilment of his promise to his wicked brother, he was about to plunge his sword into his own breast, when Finetta came swiftly from her hiding place and cried out, "Prince, I am not dead! The goodness of your disposition made me guess that you would repent, and by an innocent deception I have prevented you from committing the worst of crimes."

Then she related to Belavoir her foresight in making the figure of straw, and the Prince marvelled at her prudence, and was truly grateful to her for preventing him from committing a deed of which he could not think without horror and remorse. He now realised how weak he had been in failing to see the wickedness of the promise which had been exacted from him by his cunning brother.

And now at last the troubles of Princess Finetta and Prince Belavoir were at an end, and they passed together a long succession of happy days in mutual trust and happiness which it is beyond my power to describe.